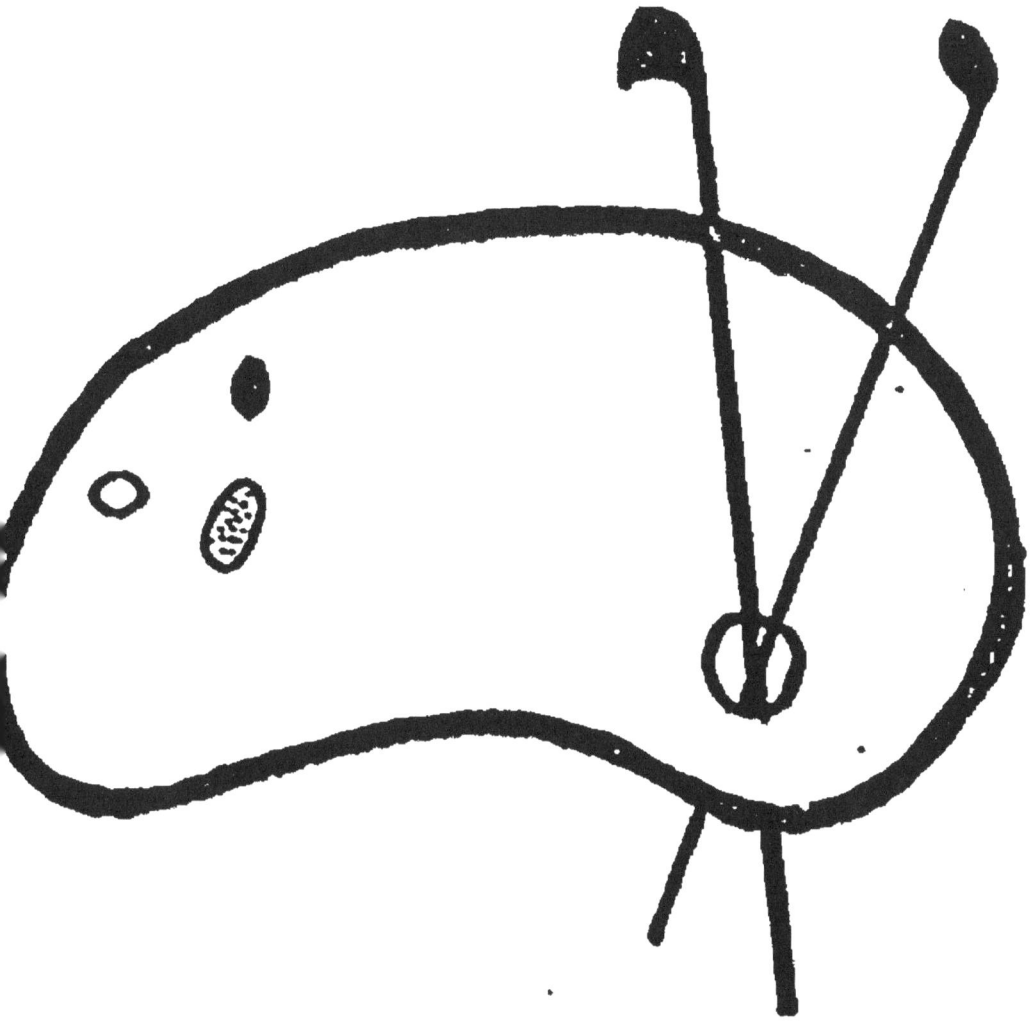

DEBUT D'UNE SERIE DE DOCUMENTS
EN COULEUR

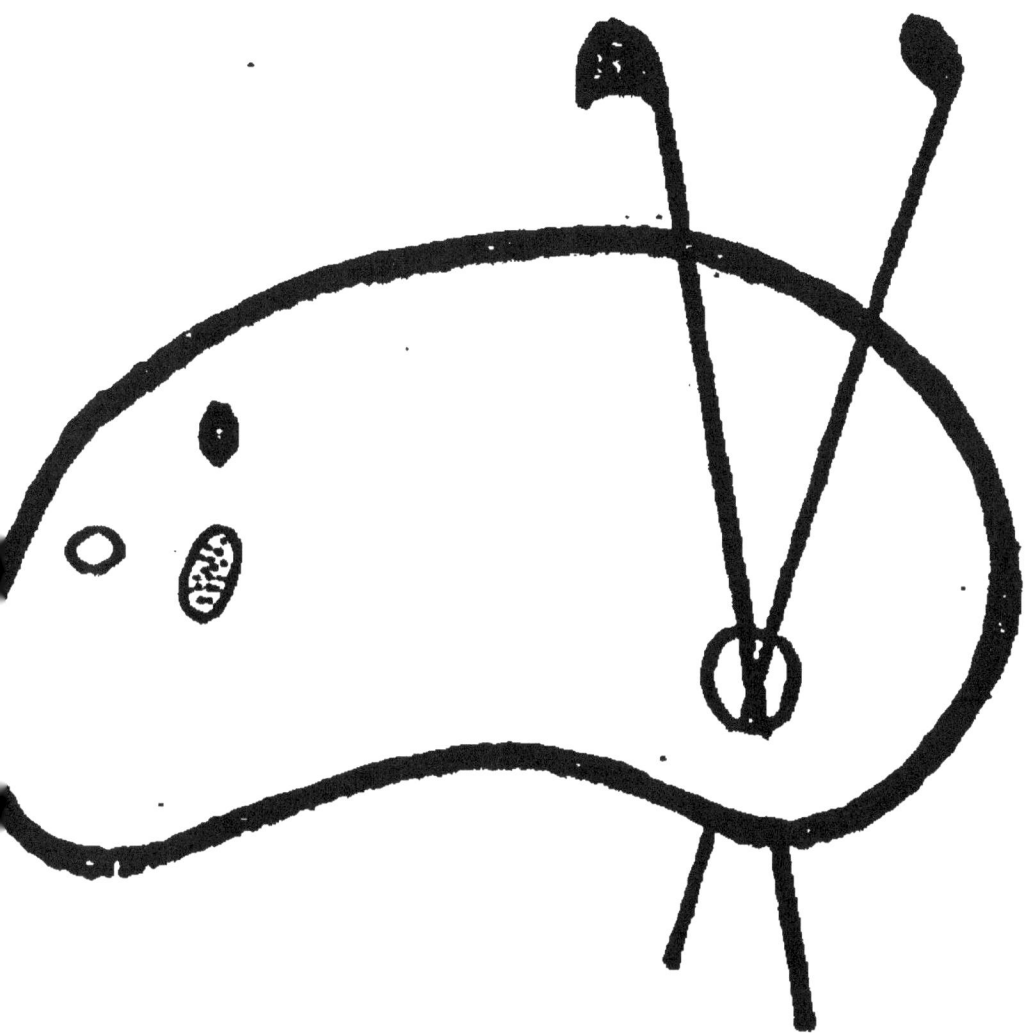

FIN D'UNE SERIE DE DOCUMENTS
EN COULEUR

# STATION DANS LE MAROC

---

3e SÉRIE IN-8.

Une fantasia arabe.                    3e in-8°.

# STATIONS

## DANS

# L'EMPIRE DU MAROC

## PAR P. LAVAYSSIÈRE.

LIMOGES

EUGÈNE ARDANT et Cie, ÉDITEURS.

# STATIONS

## DANS

# L'EMPIRE DU MAROC.

~~~~~~~~~~~~~~~~~~~~~~~~~~~~~~~~~~~~~~~~~~~~~~~~~~~

# I

### DÉPART DE LA MAISON PATERNELLE.

La vie de François Kellandren fut, jusqu'à une certaine époque, celle que les fils de famille mènent ordinairement à Paris ; une vie peut-être studieuse et rangée dans les premiers mois de leur séjour dans la grande ville, lorsqu'ils sont encore imprégnés de l'air salutaire de la maison paternelle, et qu'ils n'ont pas encore laissé échapper de leur mémoire les bons conseils qu'ils ont reçus en partant, et que la ville que l'on a, à tort ou à raison, nommée la moderne Babylone, fait si vite évanouir.

François Kellandren était une de ces natures vigoureuses, telles que l'antique Armorique en produit encore : capable des plus belles actions, comme il l'était de se livrer aux plus grands excès. Mais l'éducation semblait avoir si bien modifié la nature ardente et tenace du jeune Kellandren, que sa mère, pauvre mère ! se fia à la sagesse précoce de son fils, et, si elle répandit des larmes le jour où elle lui donna le dernier baiser, comme les mères seules peuvent les donner, ce n'était pas par appréhension pour l'avenir de son fils ; c'était parce que bien des jours allaient se passer avant qu'elle pût l'embrasser encore.

Le vieux père Kellandren ne partageait pas cette sécurité, mais il n'eût pas voulu en désillusionner sa mère... Il était de ceux qui disent : « Il faut bien que jeunesse se passe. » Et il le pensait, le brave homme, car sa jeunesse avait été furieusement orageuse et s'était passée, non au milieu des orages de l'Océan, plus terribles en apparence que ceux du monde, mais engloutissant moins de victimes que l'océan du monde avec les orages, les tempêtes et tout ce qu'il a de destructeur.

Le père Kellandren appartenait à cette race énergique, trempée dans la moelle du lion, et qui dit à la mer : Tu seras mon domaine, c'est sur tes flots que je cueillerai mes moissons, et que je vendangerai mes vignes... Le brave homme avait suivi Surcouf dans ses croisières aussi hasardeuses qu'intrépides.

Pour le dire sans plus de phrases, le vieux Kellandren avait été corsaire, mais corsaire avec lettres de marques, puis armateur, et au jour où commence cette histoire, le brave marin, retiré dans ses vastes domaines, car les moissons de l'Océan, si elles sont souvent détruites par les orages, sont assez souvent aussi des moissons qui valent leur poids d'or; il vivait dans ses vastes domaines en compagnie d'une femme que le bon Dieu semblait avoir créée tout exprès pour un vieux loup de mer... Douce, complaisante, d'une piété sincère, elle pardonnait tout au prochain, était sévère pour elle-même; joignez à cela une magnifique charité, car elle était si simple, si peu ambitieuse des approbations des hommes, qu'on pouvait dire qu'elle ne voulait pour témoins de la bienfaisance que son cœur et le ciel.

Le vieux marin avait encore une autre compagne; mais il l'eût de grand cœur jetée par-dessus le bord, si cela eût été possible, mais il eût fallu y jeter aussi ses jambes : cette compagne était une goutte opiniâtre.

— François part pour Paris, se disait-il— C'est comme si j'avais jeté à la mer dix ou douze sacs de mille francs. Il nous reviendra avocat ou médecin, car va-t-en voir si je sais qu'elle carrière il suivra, ou même s'il en suivra une ; ne faut-il pas que jeunesse se passe, et ne sera-t-il pas assez riche après ma mort?... Un accès de goutte vint interrompre ces réflexions de la philosophie à l'usage du vieux marin, et il ne se montra pas trop stoïque, car il pesta, tempêta et trouva que tout était mal autour de lui...

François Kellandren est installé dans le coupé de la diligence, et roule vers la grande ville, car c'est encore sous cette appellation qu'on désigne Paris dans l'ancienne Armorique. Son père a lesté sa bourse de belles pièces d'or ; sa mère l'avait déjà prévenu, et avait passé autour du cou de son fils chéri une médaille bénite par le Saint-Père. Elle la lui donnait comme un préservatif contre les dangers du monde, et le jeune homme l'avait reçue avec respect ; n'allait-elle pas devenir pour lui un souvenir de sa mère et de son enfance chrétienne?

A cette époque les diligences s'arrêtaient à certains hôtels où les voyageurs devaient engloutir les mets qu'ils payaient très cher, s'ils voulaient manger quelque chose.

Un jeune homme, simplement mais proprement vêtu, descendit de l'impériale, et, au lieu d'entrer pour prendre place à la table d'hôte, il se mit à arpenter le terrain, comme s'il eût voulu se dégourdir les jambes.

Le même manége se répéta le long de la

route, partout où les voyageurs faisaient une
station dans les hôtels; François, qui ne croyait
pas encore qu'on pût être obligé à l'économie
quand on voyageait en diligence, se prit à vou-
loir découvrir la cause de cette tempérance de si
longue durée.

A leur arrivée à Paris, il accosta le jeune
homme et apprit de lui qu'il venait y suivre les
cours de médecine. Soit bon cœur, soit sympa-
thie, François prit de l'affection pour ce jeune
homme, et lui dit à son tour qu'il venait aussi
pour y suivre un cours quelconque, mais qu'a-
vant de choisir il voulait savoir celui qui con-
viendrait à ses goûts.

— Je vous estime heureux de pouvoir ainsi
choisir ce qui vous convient, lui dit sa nouvelle connaissance, vous ferez plus de progrès
dans des études qui seront de votre goût, et
vous serez plus certain de vous créer une carrière.

— Peut-être suivrons-nous les mêmes cours,
dit Kellandren; allons loger dans le même hôtel,
nous ferons plus ample connaissance...

— Ce serait avec un grand plaisir, répondit
le jeune homme, mais j'ai un appartement arrêté d'avance, chez un ami de mon père, et j'y
suis attendu... Il allait s'éloigner, lorsque François le rappela et lui donna l'adresse de l'hôtel
où son père lui avait recommandé de descendre,

en attendant qu'il eût trouvé un logement à portée du cours qu'il choisirait.

Les deux jeunes gens se séparèrent, l'un pour entrer dans un hôtel somptueux, et l'autre pour aller, après maintes et maintes demandes de renseignements, s'installer dans une rue étroite et sombre, chez un tailleur modeste, ami d'enfance de son père.

## II

### UN TYPE ORIGINAL.

Les premiers jours que Kellandren passa à Paris furent donnés tout entiers à la curiosité. Il y a tant de choses à voir et dignes d'être vues à Paris, qu'on ne doit pas s'étonner que le jeune Breton employât ainsi son temps. Aussi ne rentrait-il à l'hôtel que pour y prendre ses repas, et ensuite il recommençait ses courses à travers le grand archipel de la capitale. Huit jours s'étaient écoulés sans qu'il eût songé à sa connaissance, à s'informer des cours, à se procurer un logement, lorsqu'il rencontra par hasard le jeune homme auquel il s'était intéressé.

François, qui commençait à prendre des airs parisiens, aborda sa connaissance avec politesse,

lui reprocha de n'être pas allé le voir, ainsi qu'il
l'avait espéré, et lui proposa d'entrer dans un
café voisin. — Je ne le puis, répondit le jeune
Aubert, ainsi se nommait le jeune homme,
je me rends au cours de médecine que je suis
avec autant d'intérêt que de profit pour mon instruction.

— Comment! lui demanda Kellandren, vous
n'avez pas consacré quelques jours à voir ce
magnifique Paris, ses monuments, ses musées,
etc.?

— Ma grande affaire, répondit Aubert en
souriant, est de me rendre capable de pratiquer
la médecine; il y a bien des choses à apprendre;
comme je ne puis rester à Paris que quelques
années, il faut que je me livre tout entier à mes
études médicales.

Il salua Kellandren et se rendit au cours de
médecine; Kellandren fut presque piqué de
cette réponse... Il croyait que le jeune Aubert se
trouvait en position de se maintenir à Paris tout
le temps nécessaire pour son instruction; mais
une pensée lui vint à l'esprit; en se rappelant
la conduite du jeune Aubert durant le voyage,
il soupçonna que sa nouvelle connaissance
n'était pas favorisée des dons de la fortune; il
fut touché de sa conduite laborieuse, il prit lui-
même le chemin du cours, poussé par une curiosité instantanée; mais un de ces rassemble-
ments subits qui encombrent souvent les rues

de Paris pour une futilité ou pour un grave accident, l'arrêta, il se mêla à la foule, et quand la police eut fait évacuer la rue, Kellandren s'aperçut que sa montre avait aussi évacué son gousset...

Cette perte lui fut d'autant plus sensible que c'était un cadeau que lui avait fait sa bonne mère, le jour de sa fête. Il rentra tristement à l'hôtel, où il raconta sa mésaventure ; un des habitués, homme d'un certain âge, mis avec recherche et plein de politesse et de prévenances, lui fit un tableau peu flatteur de Paris, se permit, comme il le dit, de lui donner des conseils, et s'insinua si bien dans sa confiance que le franc Breton lui fit connaître l'état de sa fortune, et lui dit que ce n'était pas la valeur de sa montre qu'il regrettait, mais l'objet lui-même.

A partir de ce jour, l'habitué, que l'on désignait par le nom de monsieur Mathieu, se montra plus empressé que jamais auprès du jeune Kellandren, se fit adroitement rendre compte de l'état actuel de ses finances, et, lorsqu'il sut que le jeune homme avait la bourse bien garnie, que la libéralité de ses parents ne le laisserait jamais dans l'embarras, il lui insinua de quitter l'hôtel et de prendre un logement moins bruyant ; de vivre plus libre et plus maître de ses actions. Kellandren tomba dans le piége et se livra à monsieur Mathieu.

Qu'était ce monsieur Mathieu? Son histoire peut être racontée en peu de mots... Il avait été industriel; mais trouvant que la fortune venait lentement par une honnête industrie, monsieur Mathieu jugea plus expéditif de faire faillite et se retira, stygmatisé, il est vrai, mais avec une certaine fortune, qu'il trouva encore le moyen d'augmenter par un genre d'exploitation fort commun à Paris. Monsieur Mathieu exploitait l'inexpérience des nouveaux débarqués de province, s'entendait avec les maîtres des hôtels, dans la maison desquels il dirigeait la clientelle, et d'où il la faisait sortir quand il espérait en profiter, ou que ses services n'étaient pas assez rétribués.

Le jeune Kellandren était tombé en fort mauvaises mains, et il allait encore trouver pire, là où l'honnête monsieur Mathieu le conduisit. C'était dans la même maison que monsieur Mathieu occupait des appartements; Kellandren fut logé au premier, sur les devants; un palier séparait le logement du protecteur et du protégé. Monsieur Mathieu calculait toujours.

Le pauvre jeune homme jouait, comme on dit, de malheur : sa valise arriva à son nouveau domicile délestée de plusieurs objets, et sa malle, sans doute entr'ouverte durant le trajet, se trouva, à l'inspection, veuve d'un sac de 600 fr. Un pareil veuvage profitait à monsieur

Mathieu. Lamentations de monsieur Mathieu, qui courut à la police, dénonça le vol; mais ni le facteur, ni les gens de l'hôtel ne purent être soupçonnés, le voleur resta inconnu. En homme dévoué, monsieur Mathieu offrit sa bourse à son jeune protégé, qui, plein de reconnaissance, le remercia en lui prouvant qu'il s'en fallait encore de beaucoup qu'il se trouvât au dépourvu.

D'aller au cours, il n'en était plus question : monsieur Mathieu avait trouvé des occupations si nombreuses à son jeune ami, que celui-ci ne songeait nullement au véritable but de son séjour à Paris... Les choses marchèrent ainsi durant un mois, et le jeune Kellandren, qui commençait à se lasser de monsieur Mathieu, eut la bonne idée de rechercher son compagnon de voyage, le jeune Aubert, ce qui lui fut facile, car il était sûr de le trouver au cours de médecine.

Le jeune Aubert eut peine à reconnaître le jeune Kellandren, que monsieur Mathieu avait déjà transformé ; mais il parut le revoir avec plaisir et causa avec lui, tout en cheminant vers son modeste domicile. — Je ne vous invite point à entrer chez moi, lui dit-il avec simplicité, j'ai pris un logement en rapport avec mes finances, c'est vous dire qu'il est très modeste. Kellandren insista, et fut introduit dans une petite chambre, proche des toits : elle avait une mince couchette, deux chaises. une

table et des autres meubles strictement nécessaires, mais le tout était d'une remarquable pro-
preté.

— Ah! lui dit Kellandren, comment pouvez-
vous vivre ici? vous ne devez effectivement y
recevoir personne !

— Je n'ai pas besoin de visites, dit le jeune
élève en médecine, n'ai-je pas ici mes amis... Il
montrait une vingtaine de volumes soigneusement rangés sur quelques planches.

La première sensation du jeune Kellandren
avait été pénible ; mais l'air de calme et de con-
tentement de l'étudiant en médecine le fit passer
à une autre sensation. C'était d'autant plus na-
turel qu'il se trouvait dans une situation d'esprit
qui n'était rien moins que calme ; sans se rendre
bien compte de ce qu'il éprouvait, il se retira en
faisant la comparaison de sa situation avec celle
de l'étudiant en médecine : celui-ci paraissait
content de peu, et lui, qui avait eu beaucoup,
ne l'était pas, et se trouvait déjà réduit au triste
expédient d'avoir recours à la bienveillance
paternelle : il n'en était venu à cette extrémité
qu'après avoir dépensé jusqu'à son dernier sou,
et encore avait-il eu recours à la bourse de son
protecteur et ami, l'honnête et bienveillant monsieur Mathieu.

La réponse du père Kellandren fut digne
d'un vieux loup de mer... « Tu files vite ton
nœud, Fran     . lui écrivait-il : je ne te demande

que de te conserver sans avaries, et t'envoie un
billet de 1200 francs, mais serre un peu mieux
les cordons de ta bourse, et vogue la galère ! »
La lettre de sa mère fut plus tendre, mais on y
voyait percer l'appréhension. « N'oublie pas,
lui écrivait cette bonne mère, les principes que
j'ai tâché d'inculquer dans ton cœur ; la fortune
que nous devons aux fatigues de ton père te
permet une vie large, et j'approuverais entièrement tes dépenses, si je savais que les
bonnes œuvres en ont absorbé une partie. Le
riche doit se montrer reconnaissant envers Dieu,
et le meilleur moyen de le faire est de secourir
l'indigence imméritée. » — Elle envoyait aussi
une petite somme à cet enfant dont le sort
commençait à lui inspirer des inquiétudes sé-
rieuses.

Possesseur de quinze cents francs, François
Kellandren solda ses dettes, et, à son grand
étonnement, ne se trouva plus possesseur que
d'une somme de trois cents francs, juste la
somme que lui avait envoyée sa bonne mère... Il
est vrai de dire que ce fut l'excellent monsieur
Mathieu qui régla le doit et l'avoir de son jeune
protégé. Monsieur Mathieu était excellent
homme d'affaires. François Kellandren, ne pouvant se rendre compte d'une si énorme dépense,
éprouva quelque chose comme de la défiance
envers monsieur Mathieu ; il résolut d'avoir plus
de circonspection, de faire lui-même ses comp-

tes; mais comment soupçonner un homme respectable, qui ne lui avait jamais donné que les
plus sages conseils?

Quoi qu'il en soit, il tint à sa bonne résolution, et monsieur Mathieu l'en loua comme d'un
progrès que faisait son jeune ami dans la vie du
monde... Toute défiance disparut; il se reprocha même de l'avoir laissé entrer dans son
esprit, et le règne mielleux de monsieur Mathieu
continua, mais sur un nouveau plan. Il fit entendre au jeune Kellandren qu'il devait satisfaire les vœux de ses parents et se livrer à une
étude quelconque : celle du droit lui semblait
plus convenable à sa position dans le monde;
elle le mettrait en rapport d'amitié avec des jeunes gens de bonnes familles; il établirait ainsi,
pour son avenir, des relations aussi honorables
qu'avantageuses.

Voilà donc François Kellandren décidé à suivre le cours de droit, lancé avec cette jeunesse
écervelée qui ne cherche dans Paris que le plaisir
et souvent plus que le plaisir. L'excellent monsieur Mathieu, qui avait des connaissances dans
tous les étages de la société, lui procura d'abord
des amis de son choix... pétillants de cet esprit
léger qui fait la base des relations de la jeunesse; un séjour de quelques années à Paris
avait développé en eux ce genre d'esprit;
Kellandren en fut ébloui : il visa à monter à leur
hauteur et se laissa doucement entraîner à tou-

tes les dissipations de ces jeunes fous. On le savait riche et ayant des parents peu parcimonieux à son endroit; il devint le héros, moyennant finances, des parties de plaisir hors barrières, et des réunions que se procuraient les étudiants en droit.

Pour que ses appels à la caisse paternelle fussent moins fréquents, Kellandren ne fit plus scrupule de puiser dans la bourse de son excellent ami Mathieu, et de lui donner toutes les reconnaissances possibles. Quand il paraissait effrayé de la dépense effrénée qu'il faisait, monsieur Mathieu, qui avait pris connaissance des lettres du vieux Kellandren, lui disait en souriant : Allons, allons, nous serons sage quand nous aurons un peu connu cette saturnale que l'on nomme le monde... Et le malheureux jeune homme se laissait aller au courant, sans regarder ni en arrière, ni en avant.

Ce n'est pas que sa nature fût molle, mais il avait été jeté trop tôt et sans expérience dans un monde qui l'entraînait en le séduisant.

Dans le cours de l'année il n'eut qu'une ou deux fois l'occasion de rencontrer le jeune Aubert; son aspect froid, réservé, la simplicité de ses habits n'allaient pas aux goûts de Kellandren; aussi leurs entrevues furent-elles sinon froides, du moins très réservées. — Je vais subir un examen, lui dit la dernière fois Aubert, je me crois en état de le subir, mais je redoute mon peu d'assurance.

Kellandren l'engagea à déjeuner et, contre son attente, Aubert accepta.

Les voilà établis chez Véfour dans un cabinet particulier ; Kellandren était d'une humeur charmante, son père lui avait fait un nouvel envoi de fonds, mais cette fois il terminait ainsi sa lettre :

« Je t'ai dit bien souvent, mon garçon, qu'il fallait que jeunesse se passât, mais je ne t'ai jamais dit qu'elle dût durer toujours... Ta mère commence à se désespérer, et je ne m'en trouve pas mieux quand cette coquine de goutte me cloue sur mon fauteuil... Combien as-tu pris d'inscriptions? »

La vérité était que François n'en avait pas pris une seule, et qu'il ne songeait point à en prendre... Cette lettre ne lui fit pas la moindre impression, il s'était imprégné de l'air de Paris.

— Ah! ça, dit-il à Aubert, quand vous aurez le diplôme de docteur, que comptez-vous en faire?

Le jeune Aubert le regarda, étonné de cette question ; puis il lui répondit : Mais je compte en faire un moyen d'existence honorable et ne pas être inutile à la société... Kellandren rougit, puis il dit avec gaieté : Quand j'aurai le bonnet d'avocat je veux consacrer ma vie à la défense de la veuve et de l'orphelin... Il parlait ironiquement, bien persuadé qu'il était qu'il ne serait jamais avocat

Malgré cette petite escarmouche, le déjeuner se termina assez gaiement. Le lendemain Aubert, qui, avant de se rendre à Paris, avait fait des études préliminaires à Rennes, fut reçu docteur médecin et rentra chez son ami le tailleur le cœur joyeux et l'esprit soulagé de bien des anxiétés...

Apprécié des hautes autorités médicales, il fut attaché, comme interne, à un des grands hôpitaux de Paris et se montra toujours aussi soigneux de s'instruire que par le passé.

Laissons-le suivre une carrière qu'il s'était ouverte par le travail et la bonne conduite, et revenons à François Kellandren.

De ce côté les choses n'étaient pas dans une aussi bonne voie... Kellandren avait épuisé la bonté de ses parents, qui le rappelaient inutilement en Bretagne, et il s'était énormément endetté avec son ami inséparable monsieur Mathieu le banqueroutier.

Il fallut enfin entrer en règlement de compte avec le brave et honnête homme, et le jeune Kellandren, qui avait tenu un état de ses dépenses assez régulier, fut tout étonné, il faudrait même dire effrayé, de voir que ce que lui réclamait son excellent ami et conseiller dépassait de vingt mille francs la somme qu'il croyait lui devoir. Comment faire cet aveu à sa famille, lui qui avait épuisé la bonté de sa mère et la trop large libéralité de son père, qui commen-

çait à ne plus dire : Il faut bien que jeunesse se
passe.

Il était dans ces anxiétés, comme un homme
qui sort d'un rêve pénible, lorsqu'une lettre
arrivée de la Bretagne vint le frapper au cœur :
le vieux marin avait été emporté par une attaque de goutte... Il tomba dans un désespoir
d'autant plus déchirant que le notaire qui lui
écrivait lui disait crûment que cette mort im-
prévue pouvait être attribuée à une lettre reçue
de Paris, lettre qui faisait nettement connaître à
sa famille l'état de ses affaires, et qui réclamait
une somme de trente-deux mille francs, avancée
par l'obligeance d'un homme qui, par égard
pour le nom respectable de Kellandren, n'avait
pas voulu qu'un jugement intervînt contre le
jeune François, et s'était empressé d'arrêter les
poursuites des prêteurs, afin que la carrière de
ce jeune étourdi ne fût pas brisée dès son début
dans le monde... Là même lettre ajoutait que
madame Kellandren était tombée dans un abattement tel qu'on craignait pour sa santé et peut-
être pour sa vie...

Frappé de tant de coups, déchiré par les
remords, le malheureux jeune homme songea au
suicide; mais il restait encore dans cette âme,
plutôt trompée que pervertie, des sentiments religieux; il eut horreur de sa pensée et chercha
dans la religion un secours contre un malheur
qui le frappait coup sur coup et à l'improviste...

Il alla trouver un vieux prêtre, qui vivait fort retiré dans son voisinage, et lui exposa franchement l'état de ses affaires et surtout la situation de son âme.

— L'aveu de vos fautes, lui dit cet excellent homme, me prouve une âme qui veut les effacer, car il n'y a à désespérer que de celui qui nie avec obstination; c'est Dieu qui vous a inspiré ces bonnes et salutaires pensées, ayez confiance en lui, tâchez de trouver un honnête homme qui consente à régler ici vos affaires d'intérêts, et partez pour la Bretagne : votre mère a besoin de consolations, et les plus puissantes sur son cœur seront celles qui lui viendront de la part d'un fils repentant et qui veut effacer les taches du passé... Je suis trop vieux, ajouta-t-il, pour me charger de ce règlement d'affaires, trop étranger aux choses du monde pour l'entreprendre avec l'espoir de vous tirer du mauvais pas où vous a fait tomber votre inexpérience trop confiante en la probité des hommes... Venez me voir souvent, terminez vite vos affaires et retournez auprès de votre excellente mère.

Le pauvre François, en jetant les yeux autour de lui, ne trouva pas un seul homme digne de sa confiance; le misérable monsieur Mathieu avait changé de logement, et d'ailleurs Kellandren comprenait enfin que c'était lui qui était la cause de sa perte.

Il se rappela alors l'honnête étudiant en méde-

cine, sa vie laborieuse et si rangée ; il résolut
d'aller le trouver et de lui demander conseils et
appui.

Mais le malheur le poursuivait : le jeune
Aubert était parti, depuis quelques jours, pour
servir sur un des vaisseaux de l'État en qualité
de médecin ; emploi honorable qu'il devait à sa
bonne conduite, à ses succès dans la carrière
qu'il avait embrassée, et à la protection des
hauts dignitaires de la science médicale qui
avaient su l'apprécier.

Il se retourna donc vers le vénérable prêtre
qu'il avait déjà consulté ; celui-ci lui dit :

— L'état de vos affaires m'a inspiré de l'intérêt : j'ai cherché, parmi le peu de connaissances que j'ai encore dans le monde, un homme
qui pût les débrouiller et les terminer : monsieur
Adam, notaire, m'est connu pour un homme
honnête qui a jusqu'à ce jour joui d'une réputation de probité intacte... Allons le voir, et s'il
veut se charger de vos affaires, elles auront une
aussi favorable issue que possible...

Dès le premier examen, monsieur Adam reconnut que le jeune Kellandren était victime
des escroqueries du sieur Mathieu, que les
billets souscrits étaient altérés, et les sommes
empruntées horriblement exagérées... il reconnut ensuite que des dettes fictives figuraient, et
que ce qui était justement à la charge du jeune
Kellandren ne dépassait pas le chiffre de dix

mille francs. Une plainte en escroquerie et abus
de confiance fut donc déposée au parquet du pro-
cureur du roi, contre le nommé Mathieu, dont
les antécédents avaient été éclairés : mais monsieur Mathieu, qui sentit que l'orage s'amassait
contre lui, passa habilement ses prétendus droits
et titres à un de ces hommes qui s'intitulent
agents d'affaires, puis trouva prudent de se réfugier en Belgique.

Au bout d'un mois, les affaires furent réglées
avec cet agent, qui comprit qu'il avait été pris
dans les filets d'un escroc plus habile que lui, et
le jeune Kellandren put retourner en Bretagne,
mûri par le malheur et repentant de ses fautes.

Hélas! il fut atterré de l'état dans lequel il
trouva son excellente mère : elle avait voulu
qu'il fût caché à son fils, déjà trop désespéré des
fâcheux résultats de son inexpérience et de la
légèreté de sa conduite, et ce furent ses yeux
qui lui firent connaître le triste état de la santé
de sa mère.

Le retour de son fils, son repentir, ses soins,
parurent la ranimer un peu; mais le mal était
trop profond pour que la guérison pût être
espérée. Quelques mois après son retour, François Kellandren eut à pleurer la mort d'une
excellente mère, et le remords lui déchira le
cœur. La religion vint à son secours, il mena
une vie exemplaire, sans pouvoir se consoler des
malheurs qu'il avait attirés sur sa famille : peu à

peu il tomba dans une tristesse telle que tout lui parut désenchanté dans la vie, et la société des hommes insupportable...

Un vieil ami de son père vint un jour le voir et lui conseilla de chercher des distractions en voyageant... Faites, lui dit-il, une ou deux campagnes sur mer et vous nous reviendrez guéri de cette mélancolie qui peut dégénérer en un mal plus redoutable.

Le trois-mâts l'*Alcyon* part pour l'Egypte, prenez une place à bord, le capitaine est un de mes amis, il le fut de votre père ; il vous procurera toutes les commodités que l'on peut trouver à bord d'un navire, et vous nous reviendrez après avoir visité des contrées si riches en souvenirs.

Kellandren trouva les conseils bons à suivre, et fit retenir une place à bord de l'*Alcyon*.

## III

### CAPTIVITÉ.

C'est un beau spectacle que celui de la mer ; il n'est certes pas monotone. Aujourd'hui elle est calme et presque unie comme une glace ;

attendez, vous verrez bientôt cette surface mou-
tonner, puis de longues vagues se déployer
comme d'immenses serpents, puis se dresser,
se couvrir d'écume et venir menacer les rivages.
La mer calme est un beau et grandiose spectacle, il représente l'infini en repos; mais la
mer tumultueuse, la mer dressant sa blanche
crinière d'écume, oh! c'est plus que beau, c'est
presque atterrant : agent de Dieu, l'Océan est
pour nous immense comme Dieu, et cependant
qu'est-il comparé à l'immensité?... Il est quelque chose pour l'homme, voilà tout.

Le trois-mâts l'*Alcyon* se balance doucement,
on dirait presque coquettement sur les vagues
onduleuses qu'envoie le grand Océan ; ces lames
qui caressent sa carène, qui le soulèvent comme
une nourrice soulève son enfant entre ses bras,
doucement, doucement, avec amour, ces flots
pourraient-ils devenir perfides et apporter
la fureur après les caresses? François Kellandren est à bord de l'*Alcyon* sur le pont ; il jette
les yeux sur les côtes orageuses de la Bretagne
qui semblent s'enfuir et descendre dans l'horizon brumeux. Il éprouve d'étranges sensa-
tions : cette terre qui lui paraissait insupportable, il lui jette un regard d'adieu, empreint d'a-
mour, oui d'amour, car on aime la terre natale,
quels que soient les chagrins qui y aient brisé
notre cœur...

Le navire file sous une bonne brise, et les

terres ont bientôt disparu... Le ciel et l'eau, et un petit navire entre ces deux immensités. Son âme fut secouée, arrachée à sa torpeur; il vivait de la véritable vie... de la vie d'émotions et de dangers prévus.

Le capitaine Adam, qui avait fait ses premières courses sous le capitaine Kellandren, fut tout bonté, tout attention pour le fils de son ancien chef... La meilleure cabine lui avait été donnée; il mangeait à la table du capitaine, et les officiers lui témoignaient le respect et les attentions qui sont si sensibles dans une société aussi restreinte que celle d'un navire... Il commençait à revivre...

Déjà le navire approchait de cette passe immense qui sépare l'Europe de l'Afrique; il allait franchir le fameux détroit de Gadès, aujourd'hui Gibraltar, lorsque deux navires furent signalés. Dans ces parages, et à cette époque, ce passage était dangereux pour les navires marchands... Il était infecté de pirates sortis de Tunis, de Maroc et du Tafilet...

Cependant la France était en paix avec ces écumeurs de mers, en paix avec toutes les puissances européennes; le capitaine s'endormit dans une fatale sécurité... La nuit survint; les deux navires en vue allumèrent aussi leurs fanaux et semblèrent voyager de conserve avec l'*Alcyon*.

— Capitaine, dit le second, ces feux me pa-

raissent suspects; nous sommes dans des parages dangereux.

— Nous avons dix bons canons, répondit le
capitaine, un équipage nombreux, beaucoup
de passagers qui aimeront mieux donner un bon
coup de collier que de se laisser massacrer ou
réduire en esclavage; ne nous effrayons point...
Ce sont sans doute des navires marchands
qui, comme nous, veulent entrer dans la Méditerranée...

— Cela peut être, répondit le second, mais je
n'aime ni la voilure ni la marche de ces deux
navires... Que commandez-vous, capitaine?

— Doublez les hommes de quart et préparez
tout pour la défense; mais ce sera inutile.

La nuit se passa tranquillement; au point
du jour les deux navires en vue déployèrent le
pavillon algérien. — Le vent soufflait bon, mais
cet avantage profitait aussi aux pirates, et bientôt ils furent à la portée du canon. L'Algérien le
plus rapproché de l'*Alcyon* lâcha une bordée,
dont les boulets atteignirent les gréements de
celui-ci et tuèrent quelques hommes... L'autre
navire, arrivant de tribord, lâcha aussi sa bordée
qui fracassa les bastingages et fit aussi du ravage
parmi les hommes de l'*Alcyon*...

— Courez au plus près, cria le capitaine, et à
l'abordage; si nous l'enlevons, l'autre prendra
chasse...

Il était trop tard, l'Algérien le plus près évita

la rencontre et envoya une seconde bordée qui ravagea le pauvre *Alcyon*; les boulets et la mitraille arrivèrent du second navire ennemi qui s'était rapproché, et l'*Alcyon* se trouva désemparé avant d'avoir atteint un des deux corsaires. Pour comble de malheur, le feu prit dans le voisinage de la soute aux poudres, et ils s'attendaient à sauter d'un instant à l'autre.

Il fallut se rendre, et bientôt les pirates furent à bord de l'*Alcyon*, pillant et mettant à mort tout ce qui pouvait offrir de la résistance. Le soir de ce jour, Kellandren et ce qui restait de l'équipage de l'*Alcyon* se trouvaient prisonniers des Algériens.

Une bourrasque sépara les deux navires des pirates; l'un deux, et c'était celui où se trouvait Kellandren, après le partage des prisonniers, se réfugia dans le port de Tanger, et l'autre où il put se réfugier. Il y avait, comme dans tous les ports de la côte barbaresque, un marché où l'on vendait les prisonniers faits par ces écumeurs de mer : les pirates, pour se débarrasser des leurs, les conduisirent dans ce marché, où Kellandren fut acheté par un Maure de l'intérieur des terres.

La manière dont il le traita fut plus humaine qu'il n'eût dû s'y attendre, durant son retour dans l'intérieur; mais dès qu'ils y furent arrivés, il changea complétement de manière d'agir, et exigea de ce malheureux jeune homme, habitué

à une vie aisée et douce, un travail au-dessus
de ses forces, sous un climat brûlant, et ne rece-
vant qu'une nourriture insuffisante.

Ce fut alors que le caractère de Kellandren se
dessina nettement et devint ce qu'il fut dans la
suite, plein d'énergie et de résolution ; regardant
le malheur qui l'accablait comme une juste pu-
nition du ciel, il se soumit avec résignation à son
sort et fit, sans murmurer, tout ce que l'on exigea
de lui ; mais dès qu'il s'aperçut que son maître
avait le désir de le faire changer de religion,
alors il prit la résolution de recouvrer sa liberté
ou de mourir chrétien.

Cette année fut signalée par des tempêtes
horribles, et les côtes virent plus d'un navire se
briser contre la pointe de leurs écueils. Les
Maures jouissaient de ces désastres qui les
enrichissaient, et réduisaient en esclavage
tous les malheureux qu'ils sauvaient par cupidité. Il advint qu'une frégate de la marine
française fit naufrage sur les rochers de la côte,
et que, grâce au secours des barbaresques, presque tout l'équipage fut sauvé, mais réduit en
esclavage.

Ce fut le maître de Kellandren qui annonça
cette nouvelle et qui partit pour la ville afin
d'acheter un esclave dont il avait besoin pour
l'exploitation de ses terres. Kellandren, indiffé-
rent à toute autre chose qu'au désir de reprendre
sa liberté, ne fit pas beaucoup d'attention à

ce qu'il entendit dire aux deux autres esclaves espagnols qui partageaient son sort; mais lorsqu'il eut appris que Ben-Jaeb, c'est le nom de son maître, était revenu avec un esclave français, son attention fut éveillée... Il allait se trouver avec un compatriote, et pourrait lui accorder une confiance qu'il n'avait point dans les deux Espagnols, dont il avait reconnu la perfidie et la lâcheté. Lorsque Ben-Jaeb arriva, il était nuit close, et l'heure où les esclaves se retirent était passée; il fallut donc attendre au lendemain pour connaître le nouveau malheureux qui allait partager son sort.

Le lendemain sa curiosité ne fut point satisfaite; il apprit seulement que le nouveau-venu était taleb, c'est-à-dire médecin, et que Ben-Jaeb ne le destinait point aux travaux des terres, mais qu'il voulait l'employer en qualité de médecin dans la contrée afin d'en tirer un plus fort salaire.

Ce médecin était encore trop souffrant pour quitter l'appartement séparé où le calcul du Maure l'avait relégué, et lui faisait donner tout ce qu'il paraissait désirer... Plusieurs jours se passèrent sans que Kellandren pût satisfaire sa curiosité; enfin, dans le nouvel esclave de Ben-Jaeb il reconnut sa connaissance de la diligence, le Français Aubert.

Il y eut pour lui de la joie, puis une honte douloureuse : il avait connu Aubert à une époque où sa position sociale lui avait inspiré des sentiments voisins de la pitié, il le retrouvait alors, esclave comme lui ; mais quelle différence dans leur position ! Aubert, quoique esclave, était traité avec des soins et des précautions de toute sorte, non pour lui, à la vérité, mais pour sa valeur personnelle ; et lui, François Kellandren, se trouvait rejeté même au dessous de deux paysans espagnols, parce que ceux-ci savaient cultiver un jardin et remuer la terre, et que lui ne savait rien faire... Se trouvant réduit à sa valeur personnelle, il était prisé comme quelque chose de presque nul.

Ces réflexions pesèrent sur son amour-propre comme un poids : il comprit enfin que la valeur réelle de l'homme est en lui-même, et que les autres avantages, dûs à la fortune, se trouvent souvent insuffisants pour protéger un homme... Il n'osa, par orgueil, se faire connaître au médecin Aubert ; cependant tout l'attirait vers lui ; les souvenirs du passé, mais ils l'accablaient ; le présent, mais Aubert voudrait-il s'associer à ses projets... Il le jugeait d'après lui même, et d'après les idées qu'il avait rapportées de sa fréquentation dans le monde.

Si la conduite de l'homme paraît souvent indéfinissable, c'est qu'on ne remarque pas que l'amour-propre joue toujours le rôle principal.

Deux jours se passèrent sans que Kellandren, qui brûlait du désir de se faire connaître au

jeune Aubert, eût osé l'aborder, dans le jardin
où il était occupé à transporter des terres, une
hotte sur le dos, et où Aubert, suivi d'un
esclave, venait se promener pour achever le
rétablissement de sa santé; il l'évitait même,
dans la honte de sa condition actuelle, et faisait
souvent un détour afin de ne pas le rencontrer.

Cette lutte entre son amour-propre et le désir
de se faire connaître à son compatriote influa
tellement sur sa santé, qu'il tomba sérieusement
malade, et fut relégué là où l'on envoyait les esclaves exténués par les fatigues.

Ben-Jaeb, qui avait compté sur sa jeunesse et
sa vigueur pour en tirer un travail lucratif,
voyant qu'il dépérissait, résolut de s'en défaire
avec le plus d'avantages possibles : il voulut donc
rétablir sa santé avant de le revendre. Il avait un
médecin à sa disposition, il l'envoya voir l'esclave
malade.

Kellandren ne s'attendait point à cette visite;
aussi la honte lui monta-t-elle au front quand
il vit entrer le jeune Aubert; il se couvrit le
visage des pans de son pauvre burnou.

Aubert lui découvrit le visage, et poussa une
exclamation de surprise et de douleur... Monsieur Kellandren ici, et esclave... Mais aussitôt
il comprit ce que les circonstances exigeaient, et
se tournant vers Ben-Jaeb, il lui fit entendre que
sa présence impressionnait trop le malade et
qu'il désirait être seul avec lui... Le Maure

soupçonneux se retira, mais il se mit en position de voir ce qui allait se passer entre ses deux esclaves. Aubert s'approcha de Kellandren, et, lui prenant la main avec émotion, il lui dit : Vous ici, monsieur Kellandren, vous que j'ai vu dans le monde favorisé de tous les dons de la fortune... Expliquez-moi cette rencontre si inattendue...

Kellandren lui fit un court récit de ce qui l'avait conduit dans une condition si déplorable, et finit en lui demandant son appui et sa protection pour en sortir. Faites savoir à Ben-Jaeb que je puis lui payer une belle rançon s'il veut me rendre à la liberté.

— C'est ce que je me garderai bien de faire, répondit Aubert ; Ben Jaeb, comme tous les Maures, est avare ; dès qu'il saura que vous pouvez vous racheter, il vous accablera de travaux afin de tirer de vous une somme énorme. Je m'aperçois que nous sommes observés, tâchons de tromper cette surveillance ; nous ne devons pas nous être connus : attendez ma seconde visite et prenez courage, l'homme peut tout quand il ne manque ni d'énergie, ni de résolution... Il le quitta en lui serrant affectueusement la main.

Le lendemain Aubert vint revoir son compatriote et son ami, car il était plus infortuné que lui ; tout en consultant son vouli en présence du Maure, il lui glissa dans la main un tout petit billet, se retira en branlant la tête, comme s'il eût mal auguré du malade. Il obtint de Ben-Jacb que le malade fût transporté dans un lieu plus salubre, et que sa nourriture fût plus abondante et plus fortifiante.

Aubert, dès les premiers jours de son esclavage, avait formé un plan d'évasion : Kellandren pouvait le seconder, et il sauvait ainsi deux hommes.

Il y avait entre Aubert et Kellandren une différence très grande : elle était toute à l'avantage du premier, et cet avantage il le devait à son éducation. Dès les premières années de sa vie, Aubert avait eu à lutter contre la misère; sorti d'une famille presque indigente, le pauvre enfant avait eu à souffrir plus d'une fois la faim; l'exemple de ses parents, qui supportaient courageusement leur dénûment et qui cherchaient, par leur industrie, à fournir aux besoins d'une nombreuse famille, avait aiguisé l'esprit du jeune Aubert; ses facultés s'étaient développées en silence, et il comprit de bonne heure que quelle que soit l'industrie, il lui faut un point de départ, et ce point de départ est l'argent, qui féconde l'industrie en lui permettant de s'exercer avec espoir du succès.

Lorsqu'il eut fait sa première communion, le curé de sa paroisse, qui avait été édifié de la conduite du jeune Aubert, et qui d'ailleurs estimait sa famille pour ses sentiments religieux et sa vie laborieuse, le curé plaça le jeune Aubert chez un médecin de ses amis, et le lui recommanda fortement ..

Ce médecin, fort instruit d'ailleurs, et homme d'une grande probité, était sujet à de nombreuses distractions d'esprit, et avait ainsi commis plus d'une méprise dans le traitement de ses malades. Adonné à l'étude, il voulut faire de l'enfant qu'on lui avait recommandé un petit lecteur... C'était mettre le jeune Aubert dans la voie qui lui convenait, et bientôt son maître reconnut, avec étonnement, que son jeune lecteur profitait des lectures qu'il lui faisait. Peu à peu il l'initia dans la science médicale, et fut si enchanté de la rapidité de sa conception et de la solidité de son jugement, qu'il se prit d'une véritable affection pour lui, se fit un plaisir de l'instruire et n'eut pas lieu de s'en repentir, comme on va le voir.

Un jour il avait été appelé dans une famille où se trouvaient deux malades, l'un dangereusement et l'autre légèrement. Le docteur, en excellent praticien, jugea à propos d'employer des médicaments énergiques pour le premier, et pour le second des médicaments convenables à sa légère indisposition. Son jeune élève, qui l'accompagnait presque toujours, fut chargé d'aller faire préparer les médicaments chez le pharmacien; mais, après avoir pris connaissance de deux ordonnances, il reconnut, sans trop de surprise, que son habile patron, par une de ses distractions d'esprit, avait confondu les deux modes de médication : il revint promptement sur ses pas et se permit de faire observer à son patron la confusion qui régnait dans ces deux ordonnances. Le bon docteur poussa une exclamation, comme cela lui arrivait quand il reconnaissait ses distractions, corrigea les ordonnances et sut gré à son élève de son observation ; car, se dit-il *in petto*, je ne sauvais pas celui qui est dangereusement malade et je tuais peut-être celui qui n'a qu'une légère indisposition.

— Petit, c'est ainsi qu'il appelait le jeune Aubert, il faut que tu t'occupes sérieusement et que tu ailles finir tes études à Paris... Monsieur, répondit l'enfant, vous ne pouviez me faire une proposition plus généreuse ; mais elle ne peut s'exécuter que dans sa première partie... Vous savez que je suis né pauvre ; je ne trouverais pas à Paris un cœur aussi généreux que le vôtre.

— Travaille toujours, je te dispense de toute autre occupation, et compte sur la divine Providence...

Le bon curé, qui n'avait point perdu de vue son jeune protégé, et à qui Aubert ne manquait point de lui témoigner sa reconnaissance et de suivre ses conseils, le curé et le docteur s'entendirent dans cet acte de générosité, et ce fut ainsi qu'il put aller terminer ses études médicales à Paris.

Revenons à notre récit... Le billet que le jeune Kellandren venait de recevoir lui conseillait de feindre d'être plus dangereusement malade qu'il l'était ; de ne pas donner à connaître qu'ils s'étaient vus autrefois, et de sonder les dispositions des deux esclaves espagnols.

Grâce aux prescriptions du médecin, le sort de Kellandren fut adouci ; la rapacité de Ben-Jaeb céda devant la crainte de perdre un esclave jeune et bien conformé ; les deux amis purent avoir de fréquents entretiens, mûrir leur plan d'évasion et en préparer l'exécution ; il conseillait aussi à Kellandren d'apprendre un peu d'arabe et d'étudier les mœurs des habitants.

Kellandren, dont le moral n'avait été que momentanément abattu, reprit courage et espéra que leur évasion pouvait réussir puisqu'un homme comme Aubert la croyait possible.

La réputation du docteur esclave s'était étendue : Aubert, avec un tact infini, ménageait les préjugés des malades et trouvait toujours le moyen de faire exécuter ses ordonnances.

L'avare Ben Jaeb retirait de gros profits des cures de son esclave ; il le traitait avec bonté, mais ne lui laissait que peu de moyens de se soustraire à sa surveillance. Il comprenait qu'un homme du mérite du docteur Aubert voudrait reprendre sa liberté et ne plus se laisser exploiter par un maître. Il lui vint une idée ; son caractère l'explique facilement. Voici ce qu'il tenta : Sa parcimonie, sa lésinerie même, et un bien patrimonial important, lui avaient permis d'accumuler des trésors ; il les tenait cachés dans un appartement presque souterrain qu'il avait fait creuser dans un jardin enclos d'un mur en pisé, au-devant duquel se hérissait une haie de buissons épineux. Pour mieux dissimuler sa cachette, il avait fait élever au-dessus un petit pavillon, et l'entrée du caveau qui recélait son trésor était dissimulée dans les mosaïques du plancher. Ben-Jaeb avait une fille ; contrairement aux usages des Maures, il avait cherché à la mettre sous les yeux du médecin giaour (infidèle) et il tenta une autre séduction pour le conduire à son but... C'est sur elle qu'il comptait le plus. Un jour, après avoir comblé son esclave de prévenances, il le conduisit dans son pavillon du jardin, et, chose incroyable chez un avare, il fit briller à ses yeux tout l'or que ses extorsions, sa lésinerie et ses autres défauts y avaient entassé depuis des années... Puis sans aucune transition il dit : Chrétien, embrasse notre sainte religion, et ces trésors et ma fille Fatime deviennent ton partage.

Le docteur Aubert était véritablement chré-

tien, mais aussi il s'était mûri à l'école du malheur; il garda le silence; le Maure, qui le crut
ébloui par de pareilles propositions, les répéta
avec plus de chaleur, et énuméra les avantages
que le docteur devait trouver. Il ajouta : Oui,
chrétien, cet or et la possession de Fatime te
sont assurés, si tu acceptes mes propositions ; le
temps a blanchi ma tête, elle ressemble à ces
hautes pointes de l'Atlas qui sont toujours cou-
vertes de neige. J'attends ta réponse...

— Maître, lui répondit le docteur Aubert, tu
me proposes au-delà de mes mérites... Il faut
agir avec calme et sang-froid ; je te demande le
temps nécessaire à la réflexion...

— C'est bien, dit Ben-Jaeb qui s'attendait à
une acceptation aussi prompte que chaleureuse;
combien de temps demandes-tu pour mûrir tes
réflexions?

— Huit jours, maître. Il espérait opérer son
évasion quelques jours après...

— Huit jours, répéta lentement Ben-Jaeb
en refermant le conduit du souterrain, c'est
bien ; prends-les, chrétien. Il le quitta froidement; le soir, un des esclaves espagnols reçut
l'ordre de le surveiller de près en toutes ses
actions.

L'homme qui a sucé a perfidie avec le lait de
sa nourrice est défiant, un avare surtout. Ben-
Jaeb se repentit de sa folle confiance; il n'avait
pas cru que la vue de ses trésors ne décidât pas

aussitôt le giaour, et qu'il pût lui demander huit jours avant de prendre un parti...

— Il sait où est mon or, se dit-il à lui-même, et il m'assassinera pour s'en emparer. Ces idées dégénérèrent en véritables terreurs, et il ne put envisager le docteur Aubert qu'avec un sentiment d'effroi...

Le lâche Espagnol le surprit un soir causant avec Kellandren, et en rendit aussitôt compte à Ben-Jacb... Les transes de l'avare augmentèrent au point qu'il ne put plus goûter de repos ⌣ que, même avant l'expiration des huit jours, il résolut de se débarrasser de ses deux esclaves... Mais avant tout il voulut mettre son or à l'abri; deux nuits durant il le transporta seul dans une autre cachette préparée par lui seul. Ce travail pénible fut terminé la nuit du septième jour.

Les deux amis n'avaient pas perdu leur temps. Aubert, qui avait guéri un Juif d'une fièvre maligne, avait cru pouvoir compter sur sa reconnaissance et l'utiliser pour leur évasion.

Kellandren, de son côté, avait fabriqué, avec l'écorce du chêne liége, des espèces de cuirasses, qui pourraient les soutenir sur l'eau dans le cas où le petit bateau que le Juif avait promis de faire tenir sur un point de la côte en face de Gibraltar, viendrait à chavirer ou à éprouver tout autre accident.

Kellandren avait renoncé à faire participer les deux esclaves espagnols à leur entreprise : il

avait une haine méprisante pour cette nation,
qu'il ne connaissait que par ces deux esclaves,
dont les allures lui paraissaient suspectes depuis
quelque temps.

Leur plan avait à leurs yeux toutes les chances de succès, car ils ne pouvaient manquer, ou
de rencontrer quelque navire européen dans le
détroit, ou de le traverser dans leur bateau, ou
de se soutenir, à l'aide de leur cuirasse, assez
longtemps sur l'eau pour être repêchés par quelque navire... C'est ainsi que le désir de la liberté
aplanissait toutes les difficultés d'une pareille
tentative et les berçait d'illusions qui, en réalité,
pouvaient bien ne pas être que des illusions. Le
huitième jour dérangea tout le plan, détruisit
leurs espérances, mais n'abattit point leur résolution.

## IV

### NUITS DANS LE DÉSERT.

Les deux amis s'étaient entretenus durant la
nuit et avaient fixé leur évasion à la nuit sui-
vante : sans qu'ils s'en doutassent, l'esclave

espagnol que Ben-Jaeb avait chargé de les surveiller, les avait entendus; mais comme il ne
comprenait pas le français, il avait fait un rapport qui pouvait le rendre précieux aux yeux de
son maître, et lui attirer ses bonnes grâces... Il
sortait de chez Ben-Jaeb lorsque celui-ci fit appeler le docteur Aubert.

Dès qu'il fut en sa présence. le docteur s'aperçut du changement de ton et de manières, et
pressentit un malheur. Habitué à se maîtriser, et
voyant que le Maure portait sur lui des regards
sombres et menaçants, il attendit, dans une
attitude respectueuse mais digne, que le Maure
lui adressât la parole. Il y eut un assez long
silence d'observation de part et d'autre; enfin le
Maure ne pouvant plus se contenir, laissa éclater
sa colère en ces mots :

— Chien de giaour, tu as dédaigné mes bontés, quand j'ai voulu te tirer de ton abjection
pour t'élever jusqu'à moi; tu m'as demandé huit
jours de réflexion afin de préparer avec cet autre
chien de chrétien une évasion impossible... Mes
propositions, je les retire, mais, par notre saint
prophète, je te livrerai entre des mains terribles,
si, à l'heure même tu ne consens pas à te faire
musulman ..

Une rougeur passagère colora les joues du
docteur Aubert; il avait écouté le Maure en
silence, et les yeux baissés, mais il les releva et
avec un ton plein de résolution et de dignité, il

dit : Je suis né chrétien, je mourrai chrétien ;
fais de moi ce que tu voudras.

Cette courte réponse fit écumer le Maure ; il
se leva brusquement de dessus son divan, et
frappa violemment des mains... Deux hommes
armés de yatagans et de poignards entrèrent
aussitôt...

— Conduisez ce chien de giaour dans la prison
publique, saisissez aussi son complice.

La justice est très expéditive chez les Maures :
sans autres formalités les deux esclaves furent
traînés en prison et jetés dans un cachot humide.

Ils y passèrent une nuit horrible, dévorés
par la vermine, à chaque instant exposés aux
morsures des rats et des scorpions ; mais ni
l'un ni l'autre ne resta longtemps dans l'abattement.

— Reconnaissons notre cachot, dit Kellandren.

— Je le connais déjà, répondit Aubert ; il y a
quelques jours, j'y suis descendu pour visiter un
esclave qui mourut sous mes yeux, à la place
même que j'occupe. Kellandren frissonna. —
Ami, lui dit Aubert, on nous offrira une voie de
sauver notre vie, on nous proposera l'apostasie.

— Jamais, dit Kellandren, je n'y consentirai.

— Eh bien ! préparons-nous à mourir d'une
mort affreuse, je connais Ben-Jaeb... Nous ne
pouvons plus avoir d'espoir qu'en Dieu... Les
deux amis prièrent ; un rayon d'espoir brilla aux

yeux de leur esprit, et ils se trouvèrent plus calmes, plus résignés à leur sort.

Le geôlier vint leur apporter une chétive
nourriture et une cruche d'eau, puis se retira en
silence...

Au fond de la cruche ils trouvèrent deux petits
instruments en fer propres à desceller les ver-
rous et les serrures. Qui leur envoyait ce secours?...

Ils comprirent l'intention et se mirent à l'œuvre. La serrure ne tenait plus qu'avec des clous
rongés par l'humidité, ils l'enlevèrent facilement,
mais un gros verrou consolidait la porte en-
dehors; après examen, ils attaquèrent alternativement la muraille là où ils crurent que le
verrou y entrait; une heure après le verrou était
atteint et poussé; la porte céda...

Heureusement que le docteur connaissait les
lieux. Il marcha en avant, et après avoir gravi
l'escalier, ils se trouvèrent dans une salle basse,
d'où ils purent découvrir le ciel resplendissant
d'étoiles... La nuit était d'un calme admira-
ble... Les deux barreaux qui garnissaient la
fenêtre furent détachés, et, comme si tout avait
été préparé pour leur évasion, une corde se
trouva appendue à la fenêtre. — Dieu est pour
nous, dit Aubert en se laissant glisser le long de
la corde... Et se soutenant des genoux contre le
mur, Kellandren fut bientôt auprès de lui sur le
sol d'un jardin.

Alors apparut tout-à-coup, comme sortant de terre, un homme couvert d'un burnou sombre... Silence, leur dit-il, car il les avait vus reculer... Suivez-moi...

Après avoir traversé le jardin, ils arrivèrent à une porte basse : leur mystérieux conducteur l'ouvrit, et marcha rapidement le long d'une rue tortueuse et sombre... Enfin, ils respirèrent en se trouvant dans la campagne...

Alors leur guide se tourna vers le docteur Aubert et lui dit : Je suis le juif Isaac Lévi... Ma sûreté est presqu'aussi compromise que la vôtre; sur la plus légère révélation de votre part, on m'eût dépouillé, martyrisé, et puni de mort... Il faut donc que je vous sauve. Hélas ! ajouta-t-il en gémissant, votre évasion me coûte déjà six cents sequins; ne perdons pas de temps, êtes-vous en état de fournir une assez longue course?

Sur la réponse affirmative des deux amis, il se mit rapidement en route, s'arrêta auprès d'un buisson d'aloës, se baissa, et en retira deux yatagans et deux poignards, puis un gros paquet qui contenait deux vêtements complets de nomades. Marchons, dit-il encore, ces lieux sont fréquentés par les bêtes carnassières.

Après une heure environ d'une marche rapide, ils découvrirent une habitation isolée... Isaac Lévi en ouvrit la porte, la referma solidement... La maison était solitaire. Vous resterez cachés

ici, leur dit-il, jusqu'à demain, où vous serez
pris par une petite caravane qui se rend dans
une des oasis du désert... Voici des nourritures et
cent sequins; reposez-vous en paix, du moins
cette nuit, et veillez demain à votre sûreté. Dans
votre situation, il faut tuer ou être tués... Ne
prononcez jamais le nom d'Isaac Lévi, quoi
qu'il vous arrive, et que le Dieu de mes pères
vous prenne en sa sainte protection. Il disparut;
un instant après ils entendirent le galop léger du
cheval du désert.

Dans sa précipitation, le Juif Isaac Lévi avait
laissé sur une ottomane un petit sac en maroquin
vert : les deux amis l'ouvrirent, croyant qu'il
pouvait contenir des billets, et désirant ne pas
le laisser ainsi à l'abandon; quel ne fut pas leur
étonnement quand ils y trouvèrent une lettre
d'un Père de la Merci qui, ayant appris le malheur des deux esclaves chrétiens, s'était adressé
au Juif Isaac Lévi, et lui avait avancé huit cents
sequins afin qu'il facilitât l'évasion de ces deux
malheureux, dont le sort n'était pas douteux,
puisqu'ils persévéraient à ne pas changer de religion...

— Voilà les hommes, dit le docteur Aubert
avec amertume; ce misérable Juif, pour lequel
nous croyions avoir une légitime reconnaissance,
trouve le moyen de gagner sept cents sequins,
de se mettre à l'abri d'une révélation et de tirer
encore du bon Père une autre somme quand il

lui aura prouvé que nous sommes évadés du cachot... Ils avaient à s'occuper d'une chose plus importante pour eux que des réflexions sur la cupidité judaïque, des moyens à prendre pour se soustraire aux poursuites des Maures.

Après avoir fait une inspection minutieuse de leur asile, et reconnu qu'ils ne pourraient y être surpris, ils s'étendirent sur l'ottomane et goûtèrent un repos que les fatigues du corps et de l'esprit leur rendaient si nécessaire.

Eveillés avant le jour, ils se mirent à réfléchir sur leur situation : ils se trouvaient à une assez grande distance de la mer, et dans le voisinage qui sépare le Maroc de l'Algérie; la petite caravane dont leur avait parlé le Juif Isaac s'enfonçait dans le désert et allait les perdre au milieu de populations hostiles au nom chrétien, car ils ne pouraient cacher leur race, connaissant la signification d'un tout petit nombre de mots arabes, et si peu les usages des nomades parmi lesquels ils allaient se trouver... Ils résolurent donc de se raprocher de Tanger, d'entrer en relation, si cela était possible, avec le bon Père de la Merci, qui leur faciliterait les moyens de retourner dans leur patrie. Ce projet, tout hasardeux qu'il était, valait certes mieux que celui de s'enfermer dans l'intérieur des terres avec si peu de ressources, et tant de chances contraires à leur sécurité; mais ils devaient

obéir aux circonstances, plus fortes que leur volonté, tout énergique qu'elle était.

L'habitation qui leur servait d'asile était
placée sur une petite éminence, et entourée de
bois d'oliviers et de dattiers ; dans le lointain
on apercevait les cimes nuageuses ou blanchies
par la neige des points culminants de l'Atlas ;
au nord s'étendait un pays ondulé, parsemé
d'arbres ; à l'est la surface déjà nue et rase du
désert. Ils étaient entourés de dangers de tous
les côtés, et faisaient de bien tristes réflexions,
lorsqu'ils découvrirent une troupe de cavaliers
maures arrivant comme un tourbillon du côté de
Tanger... Ils cherchèrent une retraite, craignant
que ces cavaliers battissent le pays pour s'emparer d'eux.

Il y avait une citerne dans la cour ; elle était
à sec ; ils y descendirent pour échapper aux re-
cherches des Maures, dans le cas où ils force-
raient la porte de l'habitation, qu'ils avaient
soigneusement fermée.

Cette précaution ne leur servit de rien : à
peine étaient-ils descendus dans la citerne qu'ils
entendirent de grands cris, puis des coups redou-
blés contre la porte, puis enfin le bris de cette
même porte.

Un instant après les Maures se répandirent
dans les appartements qui étaient situés autour
de la cour, au milieu de laquelle se trouvait la
citerne. Leur position était critique, mais elle le

devint davantage presqu'aussitôt; les Maures, altérés par une course rapide, écartèrent le couvercle de la citerne que les deux fugitifs avaient eu le soin de rabattre; heureusement que cette citerne, dont l'ouverture était étroite, avait une plus grande étendue à sa base, ils purent donc se cacher et échapper aux regards des Maures. Dès que ceux-ci se furent convaincus que l'eau manquait, ils rabattirent violemment le couvercle de la citerne et s'éloignèrent en vociférant. Plus d'une heure se passa avant que les deux emis osassent sortir de la citerne; enfin, n'entendant plus rien depuis quelque temps, Kellandren, monté sur les épaules du docteur, chercha à soulever le couvercle de la citerne; il reconnut bientôt l'inutilité de ses efforts : en retombant, le ressort qui servait à fermer le couvercle s'était détendu et retenait solidement le même couvercle.

— Nous sommes prisonniers, dit-il au docteur, il est impossible de forcer cet obstacle. Il se laissa descendre sur le sol... Qu'allons-nous devenir dans ce lieu humide? nous n'avons d'espoir que dans l'arrivée des hommes qui doivent venir nous prendre; mais s'aviseront-ils de venir nous chercher là où nous sommes si solidement emprisonnés?

Le docteur Aubert ne lui répondit point, son esprit inventif cherchait déjà un moyen de sortir de cette fatale citerne...

— Nous avons des poignards solides, dit-il à Kellandren; cette citerne est construite en pisé, attaquons ce mur de terre, et ouvrons-nous un passage. A peine y a-t-il dix pieds pour atteindre le niveau de la cour.

# V

## TENTATIVES INUTILES.

Deux hommes résolus comme ils l'étaient tous deux ne perdent pas leur temps en vaines paroles...

La supposition du docteur Aubert se trouva fondée; dès les premiers coups de poignard le pisé céda, et ils arrivèrent bientôt à la couche de terre plus facile encore à entamer; mais le travail était rude à cause de la position qu'ils étaient forcés de prendre en l'exécutant. Tandis que l'un entamait la terre, l'autre l'attirait et la rejetait dans l'intérieur. Tout-à-coup Kellandren poussa une sourde exclamation : il venait de rencontrer une muraille en larges pierres qu'il était impossible d'entamer. Le docteur se glissa à son tour au fond du boyau, et acquit la triste

certitude que l'obstacle était insurmontable... Il
ne se découragea point, et songea à percer le
long de cette muraille en ligne perpendiculaire,
tandis que le boyau déjà pratiqué suivait une
ligne inclinée ; mais alors le travail devint presque impossible, dangereux même : les terres, en
s'éboulant, menaçaient de serrer si étroitement
le travailleur qu'il serait mort étouffé s'il n'eût
pas suspendu le travail...

Sortis du boyau, ils s'assirent tristement sur
les terres rejetées dans l'intérieur de la citerne,
et gardèrent quelque temps un silence de désespoir. — Attendez, dit le docteur, j'entrevois un
moyen de salut : exhaussons le sol, en entassant
toutes ces terres, puis lorsque nous pourrons
atteindre à l'orifice de la citerne nous tenterons
si nos efforts réunis ne pourraient pas forcer le
couvercle ; s'ils ne le peuvent pas, nous attaque-
rons le pisé presqu'à la surface du sol.

Quoiqu'exténués par le travail qu'ils venaient
d'exécuter, et affaiblis encore par la faim, ils se
mirent avec ardeur à l'œuvre et trouvèrent assez
de terre pour en former un exhaussement qui
leur permît de toucher le couvercle de la citerne ;
mais alors leurs efforts pour le soulever n'ayant
pour point d'appui que des terres entassées et
sans résistance, les firent céder sous leurs pieds,
et ils roulèrent tous les deux au fond de la
citerne. — Cette fatale citerne nous servira-t-elle
de tombeau ? dit douloureusement Kollandren...

Le docteur lui prit la main, et lui dit : Ayons confiance en Dieu ; redoublons nos efforts et nous sortirons de ce lieu. L'homme ne doit jamais s'abandonner tant qu'il peut faire usage de ses forces pour espérer son salut...

A l'instant ils crurent entendre quelques rumeurs... ils écoutent : leur oreille ne les a point trompés, les rumeurs deviennent plus sensibles ; des hommes sont dans l'habitation. — Crions, dit Kellandren... — Patience, reprit le docteur, nous ne savons s'ils sont amis ou ennemis, les Maures peuvent être revenus à l'habitation, et nous sortirions d'un danger que nous pouvons surmonter, je l'espère, pour tomber dans un autre danger où nous péririons.

On vint à la citerne, les deux amis se mirent à l'abri des regards. Le couvercle, après de grands efforts, fut soulevé, et le premier qui regarda dans l'intérieur de la citerne, voyant un monceau de terre au lieu de l'eau qu'il cherchait, s'étonna et appela ses compagnons, qui se réunirent autour de l'orifice, et regardèrent alternativement ces terres remuées, et sur lesquelles étaient des empreintes de pieds.

# VI

## NOUVEAUX DANGERS.

C'étaient des Maures, et quoiqu'ils pussent être entendus des deux malheureux fugitifs, ceux-ci ne les comprenaient point...

Mais ils connurent bientôt leur intention; la lueur qui tombait de l'orifice sur les terres remuées disparut tout-à-coup, et le frôlement d'un corps à l'entrée de l'orifice leur fit connaître qu'on allait descendre dans la citerne.

Le docteur attira doucement Kellandren à l'entrée du boyau souterrain, et lui dit à l'oreille d'y pénétrer; il était temps, deux Maures étaient déjà sur le monceau de terre; ils glissèrent jusqu'au fond, puis tâtonnant le long des murs, ils trouvèrent l'entrée du boyau où les deux amis s'étaient réfugiés. Sans s'y aventurer ils en sondèrent la profondeur avec la pointe d'un yatagan; la lame effleura le visage du docteur, qui se retira aussitôt le plus qu'il put. Dans une anxiété facile à comprendre, il attendit ce qui allait encore être tenté; mais la portée de la lame n'arrivant plus jusqu'à lui, il fut de ce côté hors de danger.

Mais quelle ne fut pas leur terreur, quand ils entendirent de grandes clameurs qui leur arrivaient étouffées par l'orifice du boyau qui les avait mis jusque-là à l'abri.

Les deux Maures sortirent brusquement de la citerne, et les clameurs redoublèrent; puis un trépignement sur le sol, comme si un grand nombre d'hommes luttaient corps à corps, revenant dans l'intérieur de la citerne, les deux fugitifs prêtèrent une oreille effrayée à tout ce bruit de pieds, de fers qui se croisaient, de cris furieux ou douloureux...

Evidemment les Maures se battaient; quel allait être pour eux le résultat de cette lutte acharnée?

Elle fut courte cette lutte, mais terrible; lorsque le tumulte eut cessé, la lueur qui tombait de l'orifice de la citerne disparut encore, et plusieurs corps humains furent jetés dans la citerne, dont on rabattit encore le couvercle...

Les deux amis se serrèrent la main en frémissant; ces corps étaient des Maures tués dans la lutte, mais tous n'étaient pas morts, car ils entendirent des gémissements.

—Suivez-moi, dit le docteur à son compagnon de dangers. Ils avancèrent lentement, se soulevèrent jusqu'au couvercle, qui céda aux premiers efforts....

La nuit commençait, ils écoutèrent, et n'entendant pas le moindre bruit, ils sortirent enfin de ce véritable tombeau, et remercièrent Dieu qui les avait si évidemment protégés; l'air libre ranima leurs forces, et ce fut avec un bonheur indicible qu'ils contemplèrent la voûte des cieux.

Dans la cour étaient épars des lames brisées, des lambeaux de burnous et des turbans... Ils explorèrent rapidement l'habitation, puis les alentours... les Maures s'étaient éloignés; le cadavre d'un cheval gisait près de la porte d'entrée, et plus loin les restes d'un feu de broussailles...

—Emportons ce feu dans l'intérieur de l'habitation, dit Aubert; nous trouverons peut-être quelque torche ou quelque matière pour nous éclairer et chercher s'il n'y a pas des aliments... Ils mouraient de faim.

Il y avait dans un coin un monceau de cordes goudronnées; ils en embrasèrent une et firent à sa clarté une nouvelle ronde dans la cour. Ils étaient occupés à fureter parmi tous les débris qui s'y trouvaient étalés, quand des gémissements sortirent de la citerne... Aubert se frappa le front et s'écria : C'est un homme, sauvons-le s'il se peut; et aussitôt à l'aide d'une corde il descendit dans la citerne et revint bientôt traînant un blessé. Ils parvinrent à le hisser dehors, et le portèrent dans l'appartement qu'ils avaient choisi pour retraite durant la nuit.

C'était un homme de belle apparence, et richement vêtu; il avait la poitrine sanglante, la tête entr'ouverte; mais après avoir examiné les blessures, le docteur ne les jugea pas mortelles... Il les pansa du mieux qu'il put; puis, pressé par la faim, il dit à Kellandren : Si l'habitation est dépourvue d'aliments, nous en avons au-dehors... Kellandren le regarda avec étonnement... — Je veux parler du cheval tué, lui dit-il en souriant; mais hâtons-nous, car les lions et les autres bêtes carnassières pourraient nous enlever cette ressource.

Ils enlevèrent sur le cadavre du cheval tout ce qui pouvait être le moins dur, car la pauvre bête n'était pas chargée d'embonpoint, et le firent griller sur les charbons d'un feu alimenté par des broussailles et les débris de la porte enfoncée.

Ce repas de sauvages se faisait dans la cour entourée de bâtiments; ainsi la lueur ne pouvait être vue du dehors; il fut soudain interrompu par un cri que poussèrent les deux amis : un lion, la langue pendante, les prunelles ardentes et la crinière hérissée, venait de bondir dans la cour, à dix pas d'eux... Prompt comme l'éclair, Aubert saisit un tison enflammé et cria à Kellandren d'en faire autant; à la vue du feu la bête féroce recula...

— Tandis que je le tiens à distance, dit Aubert, jetez toutes les broussailles sur le brasier;

ce qui fut promptement fait : le lion recula, mais il sentait l'odeur des chairs frémissantes sur le brasier... Tout-à-coup, il ouvrit de larges naseaux, huma l'air, et d'un bond prodigieux franchit la porte...

— Nous sommes sauvés, dit Aubert, il a senti les restes du cheval; mais hâtons-nous de rentrer et consolidons la porte.

Cette précaution était aussi utile qu'urgente, ils le comprirent bientôt. Tandis qu'ils nettoyaient la chair salie par les cendres, ils entendirent des hurlements affreux, puis un grondement comme celui d'un tonnerre lointain. — Il y a des chacals et des hyènes dans les environs, dit Aubert, il me semble aussi entendre les miaulements d'une panthère; tous ces carnassiers ont senti l'odeur du cheval tué; mais le lion est seul sur la proie. Dans le désert, comme dans la société des hommes, le plus fort fait la loi.

Soit que le lion n'ait pas l'odorat aussi développé que l'hyène, soit que celui qui se trouvait sur le cadavre du cheval eût assez de cette proie, il n'en chercha pas d'autres. Mais l'hyène sentit les cadavres jetés dans la citerne, et vint rôder autour, glapissant et roulant des yeux flamboyants.

Heureusement que le couvercle avait été rabattu sur l'orifice de la citerne : l'animal féroce ne put que rôder autour et humer, ce qui était pour lui un parfum, cette émanation qui s'exhale des corps abandonnés par la vie.

Les deux fugitifs se crurent d'autant plus en sûreté, du moins pour cette nuit, que la réunion de ces bêtes redoutables autour de l'habitation devait en éloigner les Maures. Ils purent donc se livrer à un sommeil dont ils avaient si grand besoin, après avoir rassasié une faim qui les torturait depuis le commencement du jour.

Le blessé maure avait de suite compris qu'il devait son salut à des Européens, et que leur position était critique; il forma donc un projet digne des cœurs généreux, qui se trouvent dans ces contrées comme partout. — Nous le ferons connaître dans le chapitre suivant.

# VII

## LE CHEIKH JOUSSOUF.

Le jour s'est levé presque sans crépuscule, les rayons du soleil naissant inondent la plaine à peine refroidie par la fraîcheur de la nuit; les bêtes féroces se sont retirées dans les forêts d'oliviers et de dattiers, et dans la profondeur des halliers. La terre est donc livrée à l'homme, souvent plus cruel que les bêtes féroces, surtout dans les brûlantes contrées de l'Afrique.

Nos deux fugitifs dorment encore, tant ils avaient été abattus par les fatigues du corps et les inquiétudes de l'esprit. Le blessé, trouvant ce sommeil prolongé dangereux, les appela, non par leurs noms, il les ignorait, mais par le bruit de ses paroles... Il leur montra la voûte du ciel où le soleil s'était déjà élevé fort haut, et leur fit une multitude de signes, dont ils ne comprirent que ceci : Allez au midi, vous trouverez vingt tentes noires, demandez un dromadaire pour Joussouf, et revenez avec ceux qui vous accompagneront.

Avaient-ils bien compris les signes du Maure? c'est ce dont ils n'étaient pas certains. Mais comment pourraient-ils trouver ces tentes et surtout voyager dans une contrée pleine de dangers pour eux?

Ils tâchèrent de faire comprendre au blessé l'impossibilité où ils se trouvaient d'exécuter son projet; mais ils reconnurent bientôt l'impossibilité de s'entendre.

Cependant ils devaient prendre un parti : la caravane dont leur avait parlé le Juif Isaac devait être passée la veille, et ils ne prévoyaient pas que le Juif dût revenir bientôt à l'habitation.

Ils étaient dans cette perplexité d'esprit lorsqu'ils entendirent un trot allongé comme celui du chameau; leur première pensée fut de se cacher; le blessé le devina, et leur fit signe de demeurer sans crainte.

Bientôt le pas du chameau et celui de plusieurs chevaux retentit dans la cour.

Les nouveaux arrivants n'étaient autres qu'Isaac Lévi, et quatre serviteurs de sa race. A la vue du désordre de son habitation, le Juif parut consterné, surtout en trouvant le principal appartement occupé par deux fugitifs qu'il croyait bien loin et par un blessé nomade dont il reconnut aussitôt le rang.

Lorsqu'il eut appris les événements qui venaient de se passer, il se frappa le front et la poitrine, et donna les signes du plus grand désespoir; le blessé, dont il entendait la langue, le rassura et lui raconta la cause de la lutte qui avait eu lieu dans la cour et autour de son habitation.

Deux troupes de tribus différentes, et alors en hostilité entre elles, s'étaient rencontrées, après avoir exploité le pays, et s'étaient battues, autant pour s'enlever le butin qu'elles avaient fait que par animosité et haine de tribu à tribu.

Le parti que commandait le blessé, moins nombreux et d'ailleurs surpris, avait été vaincu et mis en fuite. Le blessé croyait que les vainqueurs s'étaient hâtés de retourner dans leur douar pour y mettre leur butin à l'abri, et par crainte d'en être dépouillés par quelqu'autre troupe plus considérable.

Le cheikh, car c'était la qualité du blessé, eut un long entretien avec Isaac Lévi ; ensuite il délia sa ceinture et lui donna une poignée de sequins.

Alors le Juif dit au docteur Aubert : Donnez tous vos soins à ce blessé, et dès qu'il pourra supporter le voyage, suivez-le avec confiance ; c'est pour vous un bonheur imprévu de l'avoir rencontré, dans la situation où vous vous trouvez.

Un de ses serviteurs monta sur le dromadaire et retourna à Tanger, d'où il revint avec deux chevaux et deux dromadaires chargés de provisions.

Isaac fit réparer avec soin la porte de son habitation, et rétablit les désordres intérieurs ; puis il plaça en vedette un de ses hommes, sur la plus haute terrasse de la maison.

Les deux Français apprirent du Juif que, dès que leur évasion avait été connue, Ben-Jaeb s'était livré aux transports d'une colère furieuse et avait tout mis en usage pour ressaisir les deux esclaves évadés ; que le gardien de la prison, payé par lui, s'était échappé la même nuit qu'eux, et se trouvait en lieu de sûreté ; que la maison du Père de la Merci avait été entourée et fouillée avec soin, et que ce bon Père n'avait pu se soustraire aux avanies qu'en payant une bourse au cadi.

Kellandren et Aubert furent désolés d'apprendre qu'ils étaient la cause involontaire des vexations auxquelles le bon Père de la Merci avait été en butte; Aubert écrivit un billet au consul français qui était à Tanger, pour l'informer de sa situation; il renfermait une lettre qu'il le priait de faire parvenir à la famille Kellandren, à laquelle il demandait une forte somme afin d'assurer sa liberté et celle de son ami, et de rembourser en même temps les avances faites par le bon Père de la Merci. Le Juif, qui apprit que Kellandren jouissait d'une fortune considérable, redoubla de soins et alla jusqu'à lui offrir, sous bonne garantie, des avances, dont il se ferait rembourser par un correspondant établi en France...

La lettre adressée au consul leur fut fatale : le porteur ayant été tué par les maraudeurs qui foisonnent dans ce pays, les papiers furent cédés à un receleur qui crut faire sa cour au cadi en les lui remettant. Dès que celui-ci en eut fait faire la traduction, il se hâta d'envoyer des cavaliers au lieu désigné par Kellandren, qui heureusement s'était tû sur le compte d'Isaac; sans cela le Juif eût été ruiné par l'avide cadi.

Les cavaliers visitèrent toutes les habitations éparses dans l'intérieur des terres, du côté du midi, et arrivèrent inopinément dans celle

d'Isaac... Mais comme la porte en était solidement fermée, et que la vedette avait découvert
les cavaliers à une certaine distance de l'habitation, les deux fugitifs eurent le temps de se
réfugier encore dans la citerne d'où Isaac avait
fait retirer les cadavres des Maures tués dans la
lutte, et les cavaliers ne trouvèrent qu'Isaac, le
cheikh et les quatre serviteurs.

Leur perquisition n'eut donc aucun résultat;
mais comme ils étaient chez un Juif qui passait
pour riche, ils voulurent le mettre à contribu-
tion. Comme Isaac défendait sa bourse avec
opiniâtreté, alléguant qu'il ne possédait pas un
sequin, qu'il avait confié toute sa fortune, fort
minime du reste, à un compatriote parti depuis
peu avec une petite caravane pour la contrée
des dattes, d'où il devait en rapporter la charge
d'un chameau; charge dont il espérait tirer
quelques bénéfices.

Les Maures n'entendirent pas raison et pré-
tendirent qu'en envoyant un messager à la ville,
il s'y ferait compter dix bourses, somme à laquelle ils le taxaient, par un de ses compatriotes
bien connu pour ses richesses. Pauvre Isaac, il
fallut se soumettre à la force brutale, écrire ce
billet et expédier le messager.

Le cheikh, qui s'était montré plein de hauteur
envers les cavaliers, et que ceux-ci avaient respecté, le connaissant de réputation, ne daigna
pas intercéder, auprès de ces misérables, en

faveur du Juif; mais il le consola et lui promit
de lui faire restituer l'or qu'on lui arrachait par
extorsion. — Juif, lui dit-il, ne pleure point ton
or, je te jure par notre saint prophète que ces
brigands n'en profiteront point.

Une partie des cavaliers était restée dans
l'habitation d'Isaac, en attendant le retour du
messager porteur des bourses. Une circonstance
qui pouvait perdre les deux fugitifs, les sauva,
grâce aux préjugés des Maures. A la prière du
cheikh, Isaac les avait fait sortir vers le commencement de la nuit, et par un fâcheux hasard, un
des cavaliers que l'on croyait endormi les aperçut, il donna l'alarme au reste de la troupe, et
bientôt tous furent sur pied et entourèrent la
citerne avec des torches. A cette vue Isaac se
précipita tout épouvanté dans la chambre où le
cheikh reposait... Ah! si le Dieu d'Abraham et
de Jacob ne vient à mon secours, demain le soleil
ne se lèvera plus pour moi! Et il raconta, en se
tordant les mains, ce qui se passait dans la cour.

— Juif, dit le cheikh, aide-moi à m'y rendre.
A sa vue, les cavaliers maures tournèrent leurs
torches vers lui, ne sachant ce qu'il venait faire.
Joussouf, appuyé sur l'épaule du Juif, alla s'as-
seoir sur le bord de la citerne, et d'un geste
impérieux, il commanda le silence. Maures,
dit-il, après la lutte dont vous avez entendu
parler, cinq guerriers de ma tribu furent jetés
sans vie dans cette citerne; ils reviennent cha-

que nuit sur le lieu du combat, et y viendront jusqu'à ce qu'un saint marabout ait fait des prières sur cette citerne destinée à recevoir les eaux du ciel et non les corps des vrais croyants... Laissez en paix les âmes de mes guerriers. Maures, retirez-vous.

Autant par respect pour le cheikh que saisis de terreurs superstitieuses, les Maures se retirèrent promptement et allèrent s'étendre auprès de leurs chevaux, en s'enveloppant la tête de leur capuchon, de peur de voir encore les âmes des morts sortir et rentrer dans la citerne.

Protégés par ces terreurs, les deux fugitifs quittèrent cet asile désagréable et malsain, et allèrent s'étendre sur l'ottomane où le cheikh reposait.

# VIII

## ÉVÉNEMENTS IMPRÉVUS.

Dans une contrée où la loi est sans force quand elle n'est pas mise en exécution le yatagan à la main, où elle est interprétéeselon la cupidité ou les passions du juge, les événements les plus imprévus arrivent à chaque instant et mettent en émoi tout une population.

Dans le Maroc, comme dans tous les états dits barbaresques, l'intérieur du pays est parcouru par des tribus nomades qui s'arrêtent là où elles trouvent des pâturages pour leurs nombreux troupeaux : ces tribus sont sans cesse en guerre les unes contre les autres, et beaucoup ne vivent que de pillage et de brigandage. Ce sont surtout les tribus appauvries par les guerres qui se livrent à ces actes, qu'elles regardent comme des actes de revendication. Souvent ces faibles tribus se réunissent afin d'être en état de protéger leurs troupeaux; mais comme elles en ont été dépouillées, elles reprennent, disent-elles, sur les premiers venus ce qui leur a été enlevé. Joussouf, qui s'était acquis une grande réputation dans le désert par sa bravoure et son intrépidité, avait réuni autour de lui un grand nombre d'hommes que l'on peut nommer déclassés, et vu, en peu d'années, sa tribu acquérir tant de prépondérance, que les autres tribus recherchaient son alliance. Son frère Ibrahim, aussi brave que lui, mais plus violent, croyant le cheikh tué, d'après les rapports que lui avaient faits ceux qui avaient eu le dessous dans la lutte dont l'habitation d'Isaac et les environs avaient été le théâtre, prit son titre et résolut de tirer une vengeance terrible de la mort de son frère ; en peu de jours il avait rassemblé environ deux cents cavaliers et se préparait à surprendre la tribu ennemie; mais son projet fut dérangé par un événement subit... Les hommes qu'il avait envoyés en av·· t rencontrèrent une cinquantaine de soldats envoyés par le gouverneur de Tanger pour exiger l'impôt dû par les tribus nomades.

Ibrahim, rusé et perfide comme un Maure, s'avança au-devant de cette troupe régulière, autant que les troupes peuvent l'être chez les barbaresques, ne menant avec lui qu'une quarantaine de cavaliers; le reste de sa troupe fut divisé en deux partis qui, prenant un détour suffisant pour échapper aux regards des soldats envoyés pour exiger l'impôt, devaient les assaillir sur les deux flancs dès que la lutte serait engagée par Ibrahim. Celui-ci vint se poster sur une petite éminence afin qu'on pût reconnaître l'infériorité de sa troupe, puis envoya un cavalier s'informer auprès du chef de la troupe du gouverneur d: Tanger quel motif les amenait dans l'intérieur des terres, où leur apparition pouvait inspirer des inquiétudes aux tribus nomades qui désiraient vivre en paix et sans appréhension. Le commandant de la troupe, habitué à la violence et aux exactions, répondit avec hauteur qu'il venait exiger les tributs dus à l'empereur de Maroc, et commanda de disperser les cavaliers qu'il voyait sur l'éminence. C'était une réponse comme la désirait Ibrahim; mais il voulait gagner du temps, afin que le reste de sa troupe fût prêt à tomber sur les soldats du gouverneur.

Il dissimula donc et envoya une seconde fois

parler au commandant de la troupe, et lui exposa
qu'il traiterait avec lui touchant l'impôt, mais
qu'il ne pouvait congédier ses cavaliers réunis
pour une affaire importante ; la réponse du commandant fut encore plus impérieuse que la première fois ; puis, se tournant vers les siens, il dit
à haute voix : Tombons sur ces chiens du désert,
et enseignons-leur l'obéissance aux ordres de
l'empereur.

Ibrahim vit que son messager revenait au
galop, en même temps que les cavaliers de
Tanger se formaient en escadron... Il fit un
mouvement de retraite, ses deux partis n'étaient
pas encore en vue.

Tandis qu'il opérait ce mouvement, la troupe
régulière avançait, dépassait l'éminence aban-
donnée par Ibrahim, et la descendait au petit
trot afin de conserver les rangs : tout-à-coup
Ibrahim arrête la retraite de sa troupe, il avait
découvert au loin des burnous blancs; puis
faisant volte-face, il envoie à l'ennemi une dé-
charge générale... Les soldats ripostent avec plus
d'ensemble et se lancent au galop sur la petite
troupe d'Ibrahim : ils n'avaient pas encore
franchi la distance qui les séparait, quand des
cris sauvages s'élèvent de deux côtés derrière
eux; ils s'arrêtent soudain et se voient environnés
des cavaliers d'Ibrahim. Le commandant se
montra aussi lâche qu'il s'était montré insolent;
après un moment d'hésitation, il lança son cheval

au galop, cherchant à passer entre les deux
partis d'Ibrahim; les siens suivirent son exemple
et se débandèrent; peu furent tués ou blessés,
mais tous, sauf le commandant et deux autres
cavaliers aussi bien montés que lui, furent pris
par les cavaliers d'Ibrahim, ainsi que leurs chameaux et tous leurs bagages.

Ce court récit expliquera les événements qui
vont suivre.

Le bruit de cette victoire sur des troupes
détestées des nomades se répandit rapidement,
la fermentation devint générale parmi toutes les
tribus du sud, et Ibrahim, peut-être sans l'avoir
voulu, se trouva à la tête d'une insurrection formidable.

De son côté, le gouverneur de Tanger, informé de ce qui s'était passé par le commandant
qui avait fui, mit toutes ses milices en réquisition
et forma une petite armée, grossie par les tribus
trop voisines pour s'insurger.

La guerre allait donc éclater dans le désert;
l'habitation d'Isaac se trouvait sur le passage que
devaient suivre les troupes, en marchant contre
les révoltés.

Ces événements s'étaient accomplis tandis que
les deux fugitifs se cachaient dans l'habitation
d'Isaac... Ce dernier fut informé de ces faits par
les cavaliers qui étaient restés dans son habitation et qui étaient rappelés en hâte à Tanger.

Les cavaliers étaient partis depuis le matin,

et le soleil descendait vers l'occident, ne devant plus éclairer la terre que durant quelques heures, quand la vedette signala, au nord, une nombreuse troupe de cavaliers. Isaac tressaillit, poussa des gémissements et déclara qu'il allait être ruiné de fond en comble cette fois... Un cri particulier se fit entendre sur la terrasse, il écouta; le même cri se répéta deux fois : les muscles du visage d'Isaac se détendirent; son front se déplissa... Evidemment ce cri lui annonçait un événement favorable. Il sortit en hâte, et, montant sur la terrasse, il interrogea l'horizon et vit avec une satisfaction inexprimable la troupe de cavaliers s'élancer dans une direction qui l'éloignait de son habitation.

La cause lui en fut bientôt connue : le matin, Joussouf avait expédié un messager vers le sud, avec ordre de se rendre auprès de son frère Ibrahim et de l'informer de la position dans laquelle il se trouvait. Le messager était déjà de retour, et apportait la nouvelle que Ibrahim, avec des forces considérables, se trouvait campé à trois heures de marche : il informait son frère que, dans la nuit, il enverrait une troupe la prendre et l'amener à son camp; que s'il n'était pas dans le voisinage de l'ennemi, il eût été le chercher lui-même.

— Vous me suivrez, dit Joussouf au docteur Aubert, ainsi que votre frère, et vous sortirez d'une position dangereuse et reprendrez votre liberté.

Tout fut donc preparé pour le départ, et la nuit attendue avec impatience par tous, car Isaac se trouvait débarrassé de deux hôtes qui compromettaient sa sûreté, et qui le mettaient dans des transes continuelles.

Le bagage des deux amis n'était pas embarrassant, aussi leurs préparatifs furent bientôt faits... Isaac, à la demande de Joussouf, leur fournit à chacun un cheval, un fusil, un yatagan et un poignard ; mais il exigea un billet de Kellandren, ce que celui-ci se hâta de faire.

# IX

## ARRIVÉE AU CAMP D'IBRAHIM.

Dès le commencement de la nuit une petite troupe sortit du campement des nomades et lança des éclaireurs en avant; elle était composée de cavaliers armés de longs fusils; au milieu une chamelle allongeait le pas et portait sur son dos un homme qui n'était point armé, et que les cavaliers semblaient respecter. C'est que c'était un marabout qui avait déjà fait deux fois le voyage de la Mecque, et qui avait la réputation d'être un habile médecin. Ibrahim avait obtenu de lui qu'il accompagnât les cava-liers qui allaient chercher son frère aîné, espé-rant que ses connaissances aideraient au prompt rétablissement de celui-ci, dont la bravoure et la réputation seraient fort utiles dans la rud i guerre qu'ils avaient à soutenir.

Les nomades, qui ne s'attendaient point à trouver deux Européens avec le cheikh Joussouf, parurent d'abord disposés à les traiter comme gens d'une race abhorrée; mais leurs manières changèrent aussitôt qu'ils virent le cheikh les traiter avec considération et de grands égards.

Le marabout seul se tint dans une réserve pleine de hauteur et de mépris, surtout pour le docteur Aubert, dont il avait appris la qualité.

Ils cheminèrent aussi rapidement que l'état de convalescence du cheikh le permettait, et eurent le malheur de tomber dans un parti en-nemi un peu supérieur en force à leur petite troupe; ils se reconnurent aussitôt, les nomades avaient des burnous blancs et les cavaliers du parti contraire en portaient de différentes cou-leurs.

Faire feu puis reculer au galop, sont les ma-nières ordinaires des barbaresques... La cha-melle du marabout fut atteinte d'une balle et s'abattit : Aubert, qui se trouvait à quelques pas, sauta à terre et offrit son cheval au marabout, qui le refusa avec dédain... Le moment n'était

pas propice aux insistances ; un retour de l'ennemi força le docteur de se mettre sur la défen-
sive, mais il n'eut pas le temps de se mettre en
selle.

Un cavalier, voyant le marabout qui se tenait
auprès de sa chamelle, de l'autre côté de laquelle se trouvaient le docteur Aubert et Kellandren, car ils ignoraient encore la manière de
combattre de ces barbares, et n'avaient pas
opéré un mouvement en arrière avec les gens du
cheikh ; ce cavalier fondit sur lui et allait lui
fendre la tête d'un coup de yatagan, quand
Aubert lui envoya la charge de son fusil en
pleine poitrine... Il s'affaissa sur le devant de sa
haute selle, son bras retomba sur sa cuisse ;
puis après deux ou trois secousses produites par
la douleur, il tomba lourdement à terre. Son
cheval penchait la tête sur son maître et semblait le flairer, quand, au grand étonnement des
deux chrétiens, le marabout s'élança sur le dos
de l'animal, et d'un brusque mouvement de la
main droite lui fit relever la tête et le dirigea
vers la troupe des soldats de Joussouf... Mais,
tentative inutile, le noble animal dressa la tête,
fit un bond et eût jeté son nouveau maître à
terre si celui-ci ne se fût pas montré excellent
cavalier... Il y eut lutte entre l'homme et
l'animal ; mais quoique le marabout prouvât à
sa monture qu'il saurait la maîtriser, le cheval
eut l'avantage ; d'un bond de côté il se lance

vers les rangs en désordre d'où était sorti son maître, et y emporta le pauvre marabout.

Cependant les deux chrétiens combattaient, mais de pied ferme, comme combattent des Français, et s'en seraient fort mal trouvés si le retour des cavaliers nomades n'était venu disperser cinq ennemis qui les entouraient. Kellandren comprit le premier le danger de leur position, et cria à Aubert de faire volte-face, en même temps que leur troupe.

Toujours reculant, pour s'approcher du camp de son frère, Joussouf, qui commandait sans pouvoir combattre, atteignit une petite élévation où il fut obligé de faire halte; ses blessures s'étaient ouvertes et le sang rougissait le burnou blanc. Le docteur voulut lui porter secours, le cheikh le repoussa doucement de la main gauche, et de la droite lui montra les ennemis qui galopaient sur eux. Le docteur comprit, mais comme lui et Kellandren n'étaient pas habitués à faire le coup de feu à cheval, ils sautèrent à terre et attendirent l'ennemi; ils n'attendirent pas longtemps, trois cavaliers fondirent sur eux; leurs deux coups de feu les reçurent : un cheval blessé s'emporta emmenant son cavalier; un autre ennemi chancela sur sa selle et s'y maintint en s'accrochant des deux; le troisième tourna bride et s'enfuit.

— Allah! Allah! cria Joussouf d'une voix frémissante; ce beau fait d'armes le transportait...

Quoi qu'il en soit, l'affaire eût peut-être mal tourné pour eux, car la troupe d'Ibrahim avait eu plusieurs hommes tués et un grand nombre de blessés et démontés. L'avantage allait donc rester à la troupe plus nombreuse et plus régulière, lorsqu'un secours inattendu leur arriva : d'un fourré voisin de l'élévation, deux lions sortirent et se jetèrent sur les tués et blessés ennemis; leur présence épouvanta tellement les chevaux qu'ils ne purent opérer leur retour offensif. Joussouf le comprit, quoiqu'il ne pût découvrir les lions, du lieu où il était; mais les mouvements de son cheval lui annoncèrent la présence des bêtes féroces... Il serra son vêtement sur ses blessures et commanda la retraite.

La nuit était éclairée par la lune en son plein, il put donc rassembler ses cavaliers, emporter les blessés et gagner assez de distance pour espérer que l'ennemi ne tenterait pas de les poursuivre.

Ils découvrirent, au point du jour, une nombreuse réunion de tentes noires, et furent introduits dans cette ville mobile où Ibrahim les reçut avec des transports de joie... Joussouf, épuisé par la perte de son sang et par les souffrances qu'il avait endurées durant la marche, tomba évanoui et fut porté dans la tente de son frère... Les autres nomades allèrent se reposer ou raconter à leurs camarades le combat de la nuit; les deux chrétiens restés seuls au milieu

de ces barbares, dont ils ne pouvaient être
compris, se trouvaient fort embarrassés, n'ayant
plus leur protecteur Joussouf. A la vue de ces
figures étrangères, à la barbe longue et en désordre, les nomades s'attroupèrent autour d'eux;
leurs regards annonçaient la défiance et la mal-
veillance...

— Joussouf! dit le docteur; un des nomades
le comprit et lui indiqua la tente d'Ibrahim;
mais quand ils voulurent y entrer, des espèces de
sentinelles les repoussèrent avec colère. Kellandren, plus impétueux que son compagnon, repoussa violemment un nomade qui l'avait saisi
par son burnou; il y eut attroupement et cris
aigus : Ibrahim sortit de la tente, et voyant deux
figures étrangères et ses gens attroupés, il leur
demanda probablement la cause de ce tumulte,
car il se tourna, les yeux étincelants, vers les
deux chrétiens, et leur parla avec colère...
Joussouf, cria le docteur Aubert; nous voulons
parler au cheikh Joussouf...

Ibrahim ne comprit de ces paroles que le nom
de son frère, et ne soupçonnant pas qu'ils avaient
été amenés dans le camp par Joussouf, il allait
les faire saisir, quand un des cavaliers qui avait
fait partie de l'escorte, et qui avait vu les attentions et les bontés du cheikh pour les deux
étrangers, raconta à Ibrahim que ces deux étrangers étaient sous la protection du cheikh et
avaient bravement combattu pour le défendre;

le visage d'Ibrahim se calma soudain ; ses yeux exprimèrent la bienveillance ; il tendit la main à Kellandren, dont l'extérieur lui parut plus avenant que celui du modeste docteur Aubert, et les conduisit dans la tente. Le cheikh était sorti de son évanouissement ; à la vue du docteur Aubert et de son ami, il prononça des paroles d'un ton bienveillant et leur fit signe de venir se mettre près de lui ; ensuite il montra ses bles-sures au docteur, qui après les avoir attentive-ment examinées, se mit à en opérer le bandage, et le fit avec tant de prestesse qu'Ibrahim en parut charmé.

On leur servit aussitôt des aliments, on leur apporta deux cafetans, riches pour ces tribus nomades, et les deux chrétiens se trouvèrent entourés d'autant de soins et de prévenances qu'ils avaient été exposés à la répulsion et aux insultes. Dès ce moment ils purent parcourir le campement, et ne rencontrèrent plus que des visages bienveillants et respectueux... Pour ces tribus nomades, l'art de la chirurgie et de la médecine est rangé au nombre des arts occultes qui donnent une grande puissance à ceux qui les possèdent.

# X

### AVENTURES DANS LE DÉSERT.

Cependant les troupes envoyées par le gouverneur de Tanger n'avançaient qu'avec lenteur et prudence; elles attendaient des troupes régulières du Maroc et quelques pièces d'artillerie de campagne.

De leur côté, Joussouf, Ibrahim son frère, et les chefs des tribus réunies, après avoir tenu un grand conseil, arrêtèrent leur plan, et se préparèrent à attaquer l'ennemi avant l'arrivée des renforts. Il y avait dans le campement un Juif (on les trouve partout dans les états barbaresques), qui entendait le français et parlait l'arabe. Il fut mandé par Ibrahim et servit de truchement aux deux chrétiens... La qualité du docteur fut parfaitement expliquée, mais Kellandren n'avait à mettre au service de ses protecteurs que son fusil et son yatagan; on avait même remarqué que, s'il s'était montré brave combattant à pied, il était un fort mauvais cavalier... Que faire de lui au milieu de gens dont il ne comprenait point la langue? Quant au docteur, les services qu'il pouvait rendre furent compris et appréciés; il devint donc de plus en plus précieux à ces nomades, tandis que Kellandren fut regardé presque comme un embarras, car les révoltés n'avaient point de troupes de pied. Le docteur sentit que son ami aurait peut-être à souffrir, s'il ne trouvait pas le moyen de le rendre utile : il fit dire par le truchement que Kellandren pouvait mieux que personne le seconder dans le traitement des blessés, et procura ainsi à son ami une position qui le rendait recommandable, parce qu'il serait utile. Les voilà donc tous les deux attachés à l'armée des insurgés et assurés de ne plus être molestés. Mais que deviendraient ils si, comme ils le prévoyaient, les insurgés étaient vaincus par les troupes régulières, eux qui marchaient suivis de femmes, d'enfants et de nombreux troupeaux? Le malheur avait trempé leur caractère; pleins de confiance en Dieu qui les avait jusqu'alors protégés, ils s'abandonnèrent sans crainte à leur sort.

Le plan adopté par les chefs des insurgés eût été bon s'ils avaient eu affaire à des troupes irrégulières et dépourvues d'artillerie; mais il devait échouer contre des troupes ayant l'avantage d'un peu de discipline et quelques pièces d'artillerie qui portent la mort plus loin que le fusil. Profitant de leur nombre supérieur, les insurgés voulaient attaquer l'ennemi en flanc et sur les deux ailes, puis lancer une autre troupe qui le prendrait en queue... Bien des choses étaient nécessaires pour obtenir la réussite de ce plan : d'abord un terrain favorable, c'est à quoi ils ne songèrent point; puis un ensemble de mouvement d'attaque, ce qui était très difficile d'obtenir de soldats improvisés; enfin une quantité suffisante de munitions; ce qui leur manquait entièrement.

Ils n'en marchèrent pas moins résolument à l'ennemi, et l'élan fut tel qu'ils fondirent sur lui là où ils le rencontrèrent; l'attaque fut si vigoureuse que les ennemis plièrent, mais ils allèrent se rallier derrière une forte réserve qu'ils avaient cachée derrière un bois d'oliviers : les cavaliers d'Ibrahim se jetèrent avec fureur sur les fuyards et tombèrent en présence de la réserve qui les reçut de pied ferme par un feu bien nourri. Etonnés de cet obstacle, les cavaliers d'Ibrahim rebroussèrent chemin, et la troupe régulière, ralliée derrière la réserve, s'avança au petit trot et en assez bon ordre contre les cavaliers nomades... La partie avait changé de face ; les fuyards devenaient les poursuivants, et ceux dont le premier succès avait gonflé le cœur, faillirent à l'instant de la résistance.

Kellandren se trouvait à l'espèce d'ambulance qu'avait établie le docteur Aubert; voyant le tumulte et le mouvement rétrograde, il comprit que l'ennemi avait le dessus et alla en prévenir

le docteur Aubert... Celui-ci, comme entraîné
par un mouvement électrique, s'élança vers les
fuyards, et de la voix, dont ils ne comprenaient
pas l'expression, et du geste, il réunit autour de
lui une centaine de cavaliers et se porta auda-
cieusement au-devant de l'ennemi... Cet acte
favorable permit à Ibrahim de réunir ses guerriers, et honteux de voir une poignée d'hommes
soutenir le choc de plusieurs milliers, ils revin-
rent avec ardeur au combat, et une mêlée terrible
s'engagea.

Ibrahim, suivi d'une centaine d'hommes,
combattit comme un lion; enfin il fallut céder
aux masses qui se ruaient sur des corps détachés, mais ils cédèrent en disputant le terrain
pied à pied. La lassitude suspendit le combat;
le ciel était de feu, les hommes et les chevaux
ruisselants de sueur et écrasés de fatigue.

Vers le soir, les ennemis se portèrent en
avant, et les canons grondèrent; les renforts
attendus du Maroc étaient arrivés, et les troupes
harassées d'Ibrahim allaient avoir affaire à des
troupes fraîches...

Le docteur Aubert fit appeler le truchement
et lui commanda d'aller avertir Ibrahim qu'une
retraite était nécessaire pour le salut de l'armée... Ibrahim, irrité qu'un étranger qui n'avait
pu être admis au conseil, osât se permettre un
pareil avis, répondit que le chrétien devait rester
auprès des blessés et non se mêler des détails et

du plan de la guerre... Il rallia bravement ses cavaliers et alla les faire mitrailler par les canons ennemis... Le soir, la déroute des insurgés était complète, et le docteur et son ami suivaient les fuyards vers le sud ; une partie des tentes et des troupeaux était tombée au pouvoir de l'ennemi, et cette nombreuse armée d'insurgés fuyait dans toutes les directions.

Le docteur et Kellandren se trouvèrent seuls ; moins bons cavaliers, ils n'avaient pu suivre les fuyards qu'à distance. La nuit les protégea.

Cette nuit fut affreuse pour eux ; seuls dans un pays inconnu, et ne sachant de quel côté diriger leur course, ils errèrent longtemps à l'aventure, mourant de faim et exténués de fatigue...

Enfin ils arrivèrent dans une vallée où coulait un petit ruisseau ; ils purent au moins y satisfaire leur soif et désaltérer leurs chevaux ; Kellandren, moins énergique que le docteur, s'étendit sur la terre, et déclara que ses forces étaient à bout, qu'il ne pouvait pas aller plus loin... Ami, lui dit le docteur, les bêtes féroces recherchent dans ces contrées brûlantes les lieux où elles peuvent se désaltérer ; si elles viennent nous perdrons nos chevaux sinon la vie... Faites un effort et sortons de ces lieux...

— Je suis à bout de forces, répondit Kellandren, il m'est impossible d'aller plus loin...

Le docteur parvint à le remettre en selle, et ils

sortirent de cette vallée dangereuse, à l'instant
où s'entendaient les rugissements lointains du
lion... Les chevaux s'élancèrent avec ardeur
vers les hautes terres, et ils échappèrent à un
péril auquel ni cheval, ni cavalier n'étaient plus
en état de faire face.

Au point du jour ils atteignirent un douar où
ils ne purent être reçus; au contraire, les
habitants se montrèrent tellement hostiles qu'ils
furent obligés de battre en retraite. Rien ne
désole plus le cœur que la dureté de ses semblables aux jours de souffrance et de misère;
mais quelle dut être la désolation des deux malheureux fugitifs en voyant par cet accueil
inhumain ce qu'ils avaient à attendre partout où
ils se présenteraient.

— Ami, dit Aubert à Kellandren, nous ne
pouvons plus compter que sur nous, sur notre
courage, sur notre force: ne nous laissons point
aller au découragement, et tâchons de gagner
plus au sud, peut-être les tribus qui ont fait
partie de l'armée insurgée, et que je crois main-
tenant dispersées, nous reconnaîtront, nous ac-
cueilleront et nous aideront à atteindre un port
de mer, où nous trouverons un chargé d'affaires
européen, qui, de quelque nation qu'il soit,
viendra en aide à notre malheur.

— Ce que vous me dites, répondit Kellandren,
me paraîtrait possible si nous pouvions trouver

de la nourriture sur la route ; mais vous voyez ce qui nous attend parmi ces barbares.

— Le pays est très giboyeux, fit observer le docteur, nous avons des armes, encore quelques munitions, pourquoi ne chasserions-nous pas pour soutenir notre vie ? nous valons mieux que des sauvages qui ne vivent pas autrement.

— Mais, s'écria Aubert, nous perdons l'esprit et la mémoire, n'avons-nous pas en croupe l'orge destinée à la nourriture de nos chevaux ? Gagnons un lieu écarté, nous y allumerons du feu, et grillerons cette orge comme nous pourrons, sinon nous l'écraserons entre les dents, et l'estomac fera le reste.

Ils jetèrent les yeux autour d'eux ; dans le lointain se dessinaient, au milieu des nuages légers qui les entouraient, les sommets neigeux de l'Atlas ; à gauche une de ses ramifications qui s'abaissait brusquement vers les basses terres, et à droite des bois d'oliviers, de chênes liéges et des arbres qui croissent dans cette latitude brûlante.

Tandis que leurs chevaux broutaient les tiges légères des arbustes environnants et les maigres brins d'herbe qu'ils trouvaient çà et là dans les lieux ombragés, ils firent la visite de leurs armes, de leurs munitions en poudre et en balles, et reconnurent qu'ils avaient en tout une vingtaine de coups de fusil à charger.

Les petits sachets de cuir qui contenaient l'orge

pouvaient en avoir cinq ou six livres; enfin, ils
retrouvèrent les cent sequins que leur avait
avancés le Juif Isaac... Nous sommes à demi
sauvés, s'écria Kellandren! — Je voudrais l'être
tout-à-fait, dit Aubert. Bien armés, le cœur plus
fort, et presque restaurés par l'espoir de ne pas
mourir de faim et celui de la liberté pour récompense de leurs efforts, ils se mirent en selle et
cherchèrent un lieu propice à établir leur cuisine
nomade.

La direction qu'ils suivaient tendait vers le
sud, dans le vague espoir de rencontrer quel-
ques-unes des tribus qui les avaient vus dans le
campement d'Ibrahim; le sol, desséché par un
soleil ardent, était couvert de petits arbrisseaux
dépouillés de toute verdure, de broussailles
garnies de longs dards et de quelques plantes
grasses... Ils choisirent un espace entouré de
cette végétation, assujétirent leurs chevaux à la
manière arabe, en leur rapprochant les pieds
avec des entraves, puis ils songèrent à allumer
un peu de feu, afin d'éloigner les reptiles et les
bêtes féroces. Tout-à-coup ils entendirent un
grand trépignement, puis comme le bruit d'une
troupe d'animaux... Ils sautèrent sur leurs
armes, dégaînèrent le yatagan; à peine ces précautions étaient prises, qu'ils entendirent un
souffle bruyant, et quoiqu'ils fussent couverts
par les broussailles, ils découvrirent une dizaine
de petits sangliers d'Afrique, qui fuyaient avec

une étonnante vélocité : Kellandren avait déjà abaissé son fusil, quand le docteur lui mettant la main sur le bras, lui dit : Je crains la présence d'un lion, ne troublons pas la chasse du roi des déserts.

Il ne se trompait pas ; mais au lieu d'un lion, c'étaient un lion, une lionne et deux petits lionceaux qui poursuivaient leur proie. — Nous sommes perdus si les sangliers se dirigent dans notre retraite, dit Aubert avec tristesse ; avivons notre feu et nous le mettrons à ces broussailles sèches s'il le faut. Leur crainte fut bientôt calmée, les sangliers venaient de faire un détour sur la gauche, et mettaient ainsi entre eux et les lions un épais fourré de buissons épineux, où leurs ennemis ne se jetteraient probablement pas... C'est ce qui eut lieu ; mais alors le lion, faisant des bonds prodigieux, laissa en arrière la lionne et les deux lionceaux, et poursuivit la chasse en tournant le fourré.

Ce ne fut que lorsqu'ils eurent tous disparu que les deux amis respirèrent sans gêne ; la sueur perlait sur leurs fronts, et leurs terreurs étaient partagées par leurs chevaux, qui tremblaient de tous leurs membres.

Soudain un long et terrible rugissement roula dans les airs... Le lion appelle sa famille à la curée, dit Aubert ; prions le ciel qu'ils ne viennent pas faire leur digestion dans notre voisinage ; coupons des broussailles ; entourons-nous-

en, prêts à y mettre le feu. Environ une heure
après, la tranquillité de leurs chevaux leur fit
supposer que la terrible famille s'était éloignée
du lieu du festin. Ils allaient enfin s'occuper de
leur nourriture, lorsqu'un bruit se fit dans les
broussailles voisines... Ressaisir leurs armes fut
l'affaire d'un instant... Ce bruit était causé par
un tout petit sanglier qui vint, tout éperdu, se
jeter dans leur asile. Il passa si près du docteur
que celui-ci put lui couper le jarret d'un coup
de yatagan : il s'abattit sur le derrière, mais il se
tourna pour la défense... Kellandren l'acheva en
lui enfonçant son arme dans la gorge...

— Voilà notre nourriture toute trouvée, s'écria
le docteur joyeusement, nous ne rognerons pas
encore la pitance de nos chevaux... Kellandren,
distribuez-leur à chacun deux poignées d'orge, ils
l'ont bien méritée, les pauvres bêtes; voyez,
leur poitrail est ruisselant de sueur; tandis qu'en
ma qualité de docteur, je vais dépecer cette
pauvre petite bête... Tout-à-coup son front se
plissa, ses deux sourcils se rapprochèrent...
Terrible loi, dit-il à demi-voix... Loi inévitable
qui veut que les créatures de Dieu ne puissent
vivre sans se détruire les unes les autres... Il
parut réfléchir. Puisque tel est le sort imposé à
tous les êtres, ajouta-t-il, ne vaut-il pas mieux
que l'estomac de l'homme mourant de faim
digère cette pauvre petite bête que celui d'une
bête carnassière ?

Sa bonne humeur lui était revenue; il commença son travail de dissection, étendit les charbons et y déposa les tranches pantelantes qui naguères étaient encore pleines de vie...

Ils firent un repas homérique, et leurs forces restaurées relevèrent à leur tour leurs espérances et leur confiance en Dieu; ils étendirent leurs burnous sur les broussailles, et se mirent à leur ombre en se pratiquant un espace pour le corps, mais ils jugèrent prudent de ne se reposer que l'un après l'autre. Le désert est plein de périls et d'embûches.

Aubert veilla le premier, entretenant le feu, prêtant l'oreille aux rumeurs de la solitude et portant les yeux pour interroger les environs.

## XI

### NOUVEAUX PÉRILS; CATASTROPHES, DÉLIVRANCE IMPRÉVUE.

Le soleil était déjà descendu très bas vers l'occident lorsque Kellandren sortit d'un sommeil dont le docteur avait respecté la longueur; ce fut à son tour de s'y livrer, mais auparavant il expliqua à son ami les précautions qu'il avait prises et lui recommanda de le réveiller à la moindre alerte. Augmentez encore notre rempart de broussailles, lui dit-il, et tenez le feu en bon état; c'est la nuit que voyagent les animaux carnassiers : cependant j'espère que nous passerons celle-ci en paix; le passage des lions écarte les autres bêtes féroces, du moins je l'ai lu ou entendu dire. Quelques heures avant le jour, quand ces pics lointains commenceront à s'éclairer d'une teinte rougeâtre, il sera temps de partir. Je vais m'endormir sous l'œil du père commun des hommes; qu'il nous continue sa divine protection... Cela dit, il alla occuper la rude couche où avait si bien reposé son ami.

Depuis quelques heures le docteur Aubert se livrait à un sommeil que la fatigue et les inquiétudes lui rendaient nécessaire, lorsque Kellandren le réveilla doucement, et lui dit : J'entends des espèces de miaulements autour de notre retraite, et nos chevaux s'agitent dans leurs entraves...

Aubert fut aussitôt debout. A la lueur du brasier il vit les chevaux dresser les oreilles, s'agiter et aspirer l'air avec force... Ce sont des bêtes féroces, dit-il, mais ce n'est pas le lion, ôtons les entraves aux chevaux et suivons avec attention leurs mouvements. Dès qu'ils furent libres, au lieu de s'écarter ils s'approchèrent de leurs maîtres comme pour implorer leur protection.

— Kellandren, dit le docteur, tenez-vous prêt; je viens de voir briller deux yeux menaçants au-delà de notre enceinte. Kellandren arma son fusil et dégaîna son yatagan. Le docteur tournait auprès de l'enceinte, suivant des yeux l'animal qui l'avait effrayé.

— Que voyez-vous? demanda Kellandren.

— Deux yeux brillants comme des lampes qui s'éteignent, répondit-il; mais ils sont à une trop faible distance de la terre pour être ceux d'un lion.

— Vous avez le coup d'œil juste, Aubert, tirez au milieu de ces yeux...

— Le mouvement est si continuel, répondit-il, que je n'oserais espérer atteindre le but.

— Prenez ma place, Aubert, j'ai été bon chasseur, et je vais voir si mon adresse me fera défaut.

Presqu'au même instant un coup de feu retentit dans le silence de la solitude, et un hurlement étouffé y répondit, puis le bruit d'un corps qui se relève, retombe et se tord dans les étreintes de la mort.

— Quel que soit l'animal, dit Aubert, il est frappé à mort, ses mouvements sont convulsifs; attendons le jour...

Après cette alarme, il ne leur fut plus possible de se livrer au repos... Ils employèrent ce temps à dépecer les restes du petit sanglier, qu'ils firent griller afin de les conserver plus longtemps

sous une aussi chaude température. Le jour les
surprit dans cette occupation, et ils se trouvèrent
prêts à partir.

Quand ils eurent quitté leur enceinte, ils cherchèrent aux environs et trouvèrent le cadavre
d'une hyène qui avait été tuée par la balle de
Kellandren, qui l'avait atteinte presqu'entre les
yeux...

Ils laissèrent ce cadavre, dont la chair ne pouvait leur être utile, et se mirent en route vers le
sud.

Ils cheminaient depuis environ quatre heures
lorsqu'ils découvrirent, au bout d'une vallée
qu'ils longeaient, plusieurs tentes noires et autour un petit troupeau de bœufs et de moutons;
tout annonçait la misère, et les gens qu'ils
voyaient circuler autour des tentes leur parurent
des femmes et des enfants... Ils étaient en bon
état, bien armés, ils résolurent de s'approcher,
pouvant, si le cas l'exigeait, s'en éloigner au
galop. Dès qu'ils en furent à quelque distance,
ils se virent assaillis par deux chiens qu'ils écartèrent facilement, et s'avancèrent près des
tentes.

Les aboiements des chiens avaient attiré dehors
les nomades, mais ils ne virent que des femmes,
des enfants et des vieillards cassés par l'âge;
enhardis, ils s'avancèrent et firent entendre qu'ils
désiraient de l'eau pour eux et pour leurs chevaux. Ce fut à une vieille femme qu'ils s'adres-

sèrent d'abord; la vieille reconnut aussitôt des étrangers, et se mit à pousser des vociférations sauvages... Les autres nomades s'attroupèrent autour des deux étrangers; mais à la vue de leurs armes, ils se reculèrent en vociférant toujours.

— Soyons calmes, dit le docteur, nous sommes ici les plus forts. Il fit ensuite des signes pour indiquer qu'ils ne demandaient que de l'eau... Alors un vieillard, à la barbe blanche et vénérable, s'avança vers eux et leur dit quelques mots en espagnol. Aubert connaissait à peu près cette langue; il répéta le mot *eau* en espagnol, et fit briller un sequin à ses yeux...

Ce langage fut compris, le vieillard appela un enfant sale et demi-nu, lui dit quelques mots, et l'enfant s'éloigna avec rapidité; il revint peu après avec un vase rempli de lait et un autre plein d'eau; les deux amis burent le lait avec avidité, donnèrent l'eau à leurs chevaux, et se préparaient à partir quand le vieillard retint le docteur et lui donna à entendre que la contrée était parcourue par des troupes ennemies; il prononça le nom d'Ibrahim... Ils tressaillirent à ce nom, et descendant de cheval, ils demandèrent de plus amples renseignements, tâchant de faire comprendre qu'ils servaient dans l'armée d'Ibrahim et qu'ils le cherchaient.

Le vieillard parut les comprendre et les engagea à entrer sous sa tente; ce qu'ils firent saus perdre leurs chevaux de vue... Ils apprirent qu'après sa retraite Ibrahim s'était enfoncé dans le sud, avait soulevé de nouvelles tribus et avec des forces beaucoup plus considérables marchait contre les troupes de Tanger campées à deux jours de marche; le vieillard leur offrit un guide pour les conduire au camp d'Ibrahim, où s'étaient rendus tous les hommes valides de son douar.

Charmés de ces nouvelles, les deux amis acceptèrent le guide, donnèrent un sequin au vieillard et en promirent un autre au guide s'il les conduisait au campement d'Ibrahim sans accident.

Le guide monta sur un chameau d'une maigreur remarquable, prit le devant, et ils ne purent le suivre qu'au grand trot de leurs chevaux... Tout-à-coup le guide s'arrêta et tournant la main vers la gauche, il leur montra dans une plaine une multitude de tentes. C'était le campement d'Ibrahim; ils y furent bientôt rendus, et conduits à Ibrahim.

Il serait difficile de dépeindre la joie qui brilla dans les yeux de ce chef sauvage à la vue des deux Européens; il avait cru ou qu'ils avaient péri dans la retraite, ou qu'ils avaient été faits prisonniers. Le truchement leur servit d'intermédiaire, et ils apprirent que Joussouf était rétabli et hors du camp, à la tête d'un parti envoyé pour reconnaître l'ennemi.

Leurs peines étaient finies pour le moment; ils se livrèrent à un repos dont ils avaient grand besoin, et commencèrent à espérer réellement la liberté. Ils étaient dans ces dispositions d'esprit quand on les avertit du retour du cheikh Joussouf.

Dès qu'il apprit le retour au campement des deux Européens, il éprouva une véritable joie; il avait senti et compris les soins du docteur Aubert, et cette nature riche, quoiqu'inculte, était susceptible des plus nobles sentiments. Il se rendit auprès des deux amis, et les surprit par l'effusion de son amitié; il se fit raconter leurs aventures depuis leur séparation, et lui, enfant du désert, s'étonna qu'ils eussent échappé aux dangers qu'ils avaient courus.

D'une situation désespérée ils passaient donc dans une situation qui dépassait leurs espérances, et qui fortifiait en eux la confiance qu'ils pourraient reprendre leur liberté en retournant dans leur patrie.

Le docteur n'était point un homme ordinaire : mûri de bonne heure par la gêne, il s'était en quelque sorte trempé dans l'adversité, et avait profondément réfléchi sur la condition de l'homme en société : il résolut d'être utile à ses protecteurs en leur donnant des conseils que ses lumières supérieures le mettaient en état de leur donner; il demanda donc un entretien avec le cheikh Joussouf, et trouva le terrain parfaitement préparé, car Joussouf l'avait apprécié : les natures supérieures se comprennent.

— Cheikh, lui dit-il, tu as à soutenir une guerre qui ne peut tourner à ton avantage, pardonne-moi la franchise avec laquelle je te parle : voici sur quoi je fonde mon opinion, que ton premier échec rend plus que probable.

Au fur et à mesure que le truchement traduisait ses paroles, la figure de Joussouf se voilait comme d'un nuage. — Je te déplais, ajouta le docteur, je vais me taire. — Dès que cette observation fut traduite, Joussouf dit froidement : — Non, parle, et dis tout ce que tu penses.

— Les tribus que tu commandes sont indisciplinées ; le moindre échec les éloignera de toi, ou les fera se retirer dans leurs douars et s'enfoncer dans le désert. Quoique la troupe de Tanger soit à peine disciplinée, elle a cependant sur les tiennes l'avantage de n'obéir qu'à une seule volonté et d'être mieux armée... Tu peux cependant les vaincre. La figure du cheikh s'illumina... Oui, tu peux les vaincre, ajouta le docteur, et cela sans livrer de grandes batailles.

— Parle, s'écria Joussouf, mon oreille est toute à tes paroles.

— Le désert est derrière toi, reprit le docteur, et le désert est la ruine de l'armée ennemie : fais-lui face, en reculant toujours ; comble les puits et les citernes ; mais ne marche plus avec les vieillards, les femmes, les enfants et tes nombreux troupeaux : dans la guerre, ce sont des embarras qui compromettent le succès : qu'ils soient toujours en avant d'une journée de marche, et qu'ils n'aient point à craindre les coups de main de l'ennemi et une destruction, un enlèvement complet après une défaite; que les cavaliers, légers comme les vents, circulent autour de l'ennemi, le harcellent dans sa marche, sans engager de lutte sérieuse. Il perdra chaque jour de ses soldats par la soif, la fatigue et les fusils de tes cavaliers; le moment viendra où il ne pourra plus avancer, alors il sera vaincu, et proposera la paix; et tu la feras avec des conditions avantageuses, et ton nom retentira parmi les tribus du sud, et on te dira le grand guerrier du désert.

Joussouf avait porté la main à son front, comme si des idées nouvelles en jaillissaient; puis, après un assez long silence, il dit : Chrétien, je te rends grâce, nous reparlerons de ton plan quand j'aurai consulté les chefs des tribus. Il le congédia avec les signes d'un véritable respect.

En rentrant dans la tente qui leur avait été assignée, le docteur trouva un présent, magnifique pour le désert; c'étaient des cafetans et des armes travaillées avec un soin infini par les Kabyles de l'Atlas... Il y avait en outre un superbe cheval arabe de pur sang, magnifiquement harnaché, et une bourse de deux cents sequins.

Le conseil des chefs eut lieu dans la soirée, et le lendemain, tout ce qui n'était pas en état de porter les armes fut envoyé vers le sud; un corps considérable fut placé au centre, et des nuées de cavaliers dispersés sur les ailes : le plan du docteur était approuvé.

Cependant l'ennemi s'avançait, mais avec une précaution inusitée, et non plus comme un tourbillon qui se brise ou enlève tout sur son passage. Il y avait dans ses rangs des officiers espagnols désireux de plaire à l'empereur du Maroc. Les deux armées n'étaient plus qu'à une faible distance l'une de l'autre; par le conseil d'Aubert, Joussouf fit semblant de choisir un champ de bataille, l'ennemi parut l'accepter et s'avança, voyant les nomades immobiles dans leurs positions; il avait de l'artillerie; tout-à-coup, Joussouf ordonne un mouvement rapide de retraite; l'ennemi le croit déjà vaincu, et plusieurs troupes s'élancent à sa poursuite; les cavaliers nomades les criblèrent sur les deux flancs, puis s'enfuirent à toute bride.

Le lendemain, l'ennemi avait fait une journée de marche en avant, mais il souffrait beaucoup de la privation d'eau.

Joussouf tenta la même manœuvre, mais l'ennemi ne s'y laissa plus prendre : alors les nomades s'éloignèrent durant la nuit, et au point du jour l'ennemi ne rencontra que la solitude; durant cinq jours il promena ses soldats harassés

do fatigues, brûlés par le soleil, dévorés par la
soif, à travers le pays absolument désert, sans
pouvoir rencontrer les nomades; le sixième jour,
un vent violent apporta des tourbillons de sable
du désert et réduisit cette armée, formidable
pour ces contrées, à la dernière extrémité...
Alors Joussouf et ses cavaliers reparurent et
achevèrent leur destruction.

Il n'y eut qu'un petit nombre de cavaliers qui
purent échapper à cette destruction et en porter
la nouvelle à Tanger.

Cette insurrection, qui menaçait de s'étendre,
effraya l'empereur du Maroc; des troupes plus
nombreuses, avec un matériel formidable, furent
dirigées en hâte vers le théâtre de la lutte, et,
chose digne de la férocité des mœurs de ces barbares, des hommes largement payés pénétrèrent
dans le camp de Joussouf pour l'assassiner. On
croyait tuer en lui l'insurrection.

La considération pour le docteur Aubert était
arrivée à un si haut point qu'elle excita la
jalousie de plusieurs chefs de tribus, surtout
celle des marabouts, qui voyaient avec rage un
chrétien si honoré chez les vrais croyants.

Pour ces peuples féroces, haïr et tuer sont
deux choses conséquentes; les marabouts résolurent de se défaire du docteur et de son ami.
Un coup de poignard est bien vite donné et bientôt oublié dans ces contrées, quand il ne frappe
qu'un étranger; mais on craignait le ressenti-

ment du cheikh et de son frère. Les marabouts conçurent le projet de les faire enlever et de les vendre comme esclaves à la première caravane qui se rendrait dans le Soudan.

Les deux amis, rassurés par la protection du cheikh et celle de son frère, vivaient dans la plus entière sécurité et n'attendaient que l'occasion favorable de retourner dans leur patrie. Un matin, de grandes clameurs éclatèrent dans le camp, et la nouvelle la plus fatale y circula avec la rapidité de l'éclair. Joussouf avait été assassiné au commencement de la nuit; on l'avait trouvé baigné dans son sang, et ne donnant plus signe de vie...

Les deux amis coururent en hâte à la tente du cheikh, fendirent une foule consternée pour y pénétrer...

Ibrahim, le visage pâle comme la mort, était agenouillé près de l'ottomane où gisait l'infortuné Joussouf, et cherchait à trouver quelques battements de cœur. A l'arrivée du docteur, il se leva et lui montra en silence le corps inanimé de son frère. Aubert se penche, interroge le visage, le pouls, le cœur... le cheikh n'était plus, il en acquit l'accablante certitude; une blessure largement ouverte se trouvait entre les deux épaules; il avait été surpris durant le sommeil. L'œil du frère du cheikh interrogea avec angoisse le visage du docteur; celui-ci baissa la tête avec tristesse et garda le silence.

Alors se passa une scène qui caractérise ces populations demi-sauvages. Tandis que dans la tente tous les assistants étaient plongés dans le silence de la douleur respectueuse, des clameurs lamentables retentissaient autour, et, acquérant de plus en plus de l'intensité, elles atteignirent un tel degré de force, qu'on n'eût pas entendu le bruit du tonnerre; soudain un cri, vif. sauvage, pénétrant jusque dans les racines de la vie, s'éleva par trois fois...

Ibrahim sortit de son abattement, et faisant un pas vers l'ottomane sur laquelle était étendu le corps sanglant de son frère, il étendit la main sur sa tête; son visage respirait une sombre et terrible dignité. — Tu les entends, ô toi qui fus conçu dans les entrailles de ma mère, qui suças le lait que j'ai sucé; toi qui fus mon protecteur dans l'enfance, mon ami, mon frère dans les autres jours de ma vie... Tu les entends, les enfants de ta tribu, de ta race : ils crient vengeance... Tu seras vengé, ô mon compagnon dans les combats, le sang de mon sang; car c'est ici que mon sang coule, ajouta-t-il en étendant la main sur la mare de sang qui se noircissait auprès de l'ottomane; tu seras vengé, c'est moi Ibrahim, le fils de ton père et de ta mère, qui le jure par notre saint prophète... Il se baissa, toucha des lèvres le front pâle du mort, puis sortit de la tente d'un pas lent, le visage sombre et les bras croisés sur sa poitrine.

Les deux chrétiens qui, outre la reconnaissance et l'attachement qu'ils portaient au malheureux cheikh voyaient dans ce crime la perte
d'une partie de leurs espérances, restaient auprès
du mort dans un accablement profond; ils
croyaient ne perdre qu'un protecteur, et ne
soupçonnaient pas l'orage qui s'entassait contre
eux.

Tout-à-coup les deux bords de la tente sont
écartés, et des nomades à la figure farouche et
sombre y entrent lentement; après s'être inclinés
sur le corps de leur valeureux chef, ils se saisis-
sent des deux chrétiens étonnés, et les enlèvent
plutôt qu'ils ne les conduisent hors la tente...
Dès qu'ils parurent, des clameurs féroces s'éle-
vèrent comme un orage; tous les yeux étaient
menaçants; bien des bras armés brandirent
l'étincelant yatagan, et ce fut à travers cette
multitude furieuse qu'on les porta au centre du
camp, qui servait de place de marché... Là
accoururent les chefs des tribus, et les marabouts,
qui avaient suscité cette tempête contre les deux
chrétiens, cessant de haranguer la multitude, y
accoururent aussi.

On se jette sur les deux prisonniers, on les
terrasse, on les garrotte; et enfin on les attache à
un pal.

Quand ils auraient pu se faire comprendre, il
leur eût été impossible de se faire écouter de ces
furieux, aussi féroces que les bêtes carnassières

de leur sauvage région, quand ils sont animés de l'ardeur de la vengeance.

— Ami, dit le docteur à Kellandren, notre misère sur la terre touche à son terme, recommandons nos âmes à Dieu. Le malheureux Kellandren ne lui répondit que par un gémissement ; cette catastrophe subite, inattendue, l'avait terrifié ; cependant les cris féroces continuaient, les marabouts parlaient avec des visages animés, des yeux étincelants, la foule augmentait et bientôt tout le camp se trouva réuni, pressé, hurlant, agitant des yatagans et des poignards au-dessus des têtes semblables à celles des démons.

Soudain le nom d'Ibrahim vole de bouche en bouche ; la foule se jette en arrière pour ouvrir un passage à Ibrahim, qui s'avance lentement avec une gravité toute orientale, mais pleine de tristesse ; arrivé près des chrétiens garrottés au pal, il tire de dessous son vêtement un large poignard, et, à la surprise de la multitude, il coupe leurs liens ; puis les prenant l'un et l'autre par la main, il se tourne vers la multitude et prononce d'une voix retentissante ces paroles :

« Ils furent les hôtes de mon frère, le vaillant Joussouf ; ils sont aujourd'hui les miens, et je les couvre de mon bras. »

Il promena ses regards sur la multitude, mais avec une telle assurance, une telle certitude qu'il allait tout calmer, que pas un murmure.

pas un cri ne sortit du milieu de cette immense troupe d'hommes; tenant toujours les deux chrétiens par la main, il se dirigea vers sa tente, et sur son passage la foule s'ouvrit silencieuse, respectueuse. Ibrahim avait invoqué le droit sacré de l'hospitalité, encore respecté chez les peuplades nomades, comme il le fut aux jours des antiques patriarches, et comme il le sera encore longtemps, jusqu'à ce que la civilisation ait pénétré dans ces contrées encore en-dehors de son contact; mais alors un plus large bouclier s'étendra sur l'homme : ce sera le bouclier de la loi obéie.

Quelque vigoureusement organisé que soit un homme, quelle que soit la trempe de son caractère, il est impossible qu'il sorte des portes de la mort pour revenir sous le ciel des vivants, et cela sans transition, sans espérance de salut; il est impossible qu'il ne soit pas écrasé, brisé dans tous les ressorts de son existence...

Les deux chrétiens s'étendirent sur une ottomane, à côté l'un de l'autre, et ne se dirent pas une parole; les cavaliers d'Ibrahim veillaient autour de la tente.

Tout est subit, imprévu chez ces populations ardentes comme leur soleil, mobiles comme les sables de leurs déserts. La foule était tombée dans un calme silencieux, quand soudain des cris partent du côté d'une des entrées du camp; la multitude s'agite, court en tumulte, mêle ses clameurs aux premières clameurs... Les deux chrétiens sortirent de leur torpeur à ce bruit effrayant... Voilà enfin notre dernière heure, mon ami, dit Aubert, embrassons-nous et mourons en hommes, en chrétiens. Ils se jetèrent dans les bras l'un de l'autre, puis tombant à genoux ils prièrent.

## XII

### SUPPLICE DANS LE CAMP D'IBRAHIM. — FUITE. — RETOUR EN FRANCE. — CONCLUSION.

Les tentes qui composaient le camp étaient assises dans une plaine qui s'inclinait doucement vers une vallée où coulait un petit filet d'eau ; les nomades avaient arrêté le cours de cette eau en faisant une chaussée ; c'était cet étang improvisé qui alimentait d'eau les hommes et les animaux du campement ; chaque soir il était à sec, mais pendant la nuit il se remplissait, et dès le matin une troupe de chameliers s'y rendait pour y remplir des outres et les rapporter au camp.

La première troupe de chameaux cheminait

vers l'étang, lorsque l'animal qui marchait en
tête de la file dressa son long cou, renifla et
s'arrêta sur-le-champ, à quelque distance d'un
buisson épineux. Le conducteur, croyant à la
présence d'une bête féroce, tira son yatagan, et
appela ses camarades à grands cris. Ceux-ci
accourent, entourent le buisson, et au lieu d'en
faire sortir une bête carnassière, ce fut un nègre
épouvanté qui en sortit, cherchant à échapper
aux chameliers; on l'arrêta, le croyant esclave
fugitif; mais aussitôt le nègre tira un poignard
court, mais large, de sa ceinture, et en frappa le
premier chamelier qui l'avait arrêté. Il fut sur-
le-champ terrassé, garrotté et conduit au camp.

En examinant ce poignard, les chameliers le
trouvèrent maculé d'un sang déjà sec; le vêtement du nègre en avait aussi de larges taches...
Voilà l'assassin du cheikh, crièrent les chameliers, et ils entrèrent dans le camp en tenant en
l'air le poignard et vociférant leur nouvelle.

Telle était la cause des cris épouvantables qui
avaient porté les deux chrétiens à croire que cet
ouragan de clameurs leur annonçait leur dernière
heure; par hasard le truchement espagnol était
venu leur apporter de la nourriture plus matin
que de coutume, il alla s'informer de la cause de
ce tumulte, et vint les rassurer en leur rappor-
tant ce qu'il avait appris. Leurs nerfs étaient
tellement ébranlés qu'ils eurent peine à rentrer
dans le calme, et tout en se félicitant de n'être

pas les objets de ces fureurs, ils étaient encore remplis de sourdes appréhensions.

Ibrahim les fit inviter à assister au supplice du coupable, qui venait d'avouer son crime, et avait déclaré qu'il n'avait agi que par l'ordre du gouverneur de Tanger ; la liberté et une forte somme d'argent devait être sa récompense. Ils refusèrent, sous le prétexte, fondé en réalité, de l'état de leur esprit, mais aussi parce qu'étant chrétiens et humains, il leur répugnait de voir un supplice horrible ; supplice qui leur rappellerait celui qu'ils avaient été sur le point de souffrir eux-mêmes.

Le spectacle auquel on les invitait avait de quoi faire frémir d'autres hommes que des sauvages, ou des barbares comme ces nomades : le pal se trouvait encore dressé et servait à suspendre les bêtes tuées pour la consommation du camp.

Le nègre fut suspendu par la peau du dos à un crochet aigu, à environ un pied au-dessus du sol sanglant... Ibrahim, suivi des chefs et des marabouts, vint se placer en face du patient ; insensible aux cris que poussait ce misérable, il commanda de lui mettre un bâillon... Ibrahim voulait parler et être entendu. L'opération terminée, il écarta de la main les larges manches qui la couvraient. puis, prenant le poignard dont s'était servi l'assassin, il l'éleva en l'air, afin que la foule pût le voir. Cela fait, il dit : — C'est

donc sous le poignard d'un misérable esclave
que la gloire de nos tribus est tombée ; c'est
donc sous un fer assassin que celui qui avait
passé comme la foudre dans les mêlées des
batailles, que ce guerrier redoutable a péri...
Ah ! infâme chien, serpent noir comme l'enfer,
tu vas être puni de ton crime, mais tu ne mérites
pas de mêler ton sang à celui de ta noble
victime...

En même temps il jeta le poignard à terre,
en tira un de sa ceinture, puis frappa le patient
à la cuisse... Se tournant, après cette action
qu'il avait accomplie avec une joie sauvage, vers
les chefs et les marabouts, il leur dit : Vous
avez aussi à venger votre chef, votre frère, la
gloire de nos tribus. Ces paroles furent le signal
du plus horrible spectacle qui puisse effrayer des
yeux humains. Tous, à l'envi l'un de l'autre, se
ruèrent sur le patient, le criblèrent de coups
avec une rage de démons.

Les convulsions du nègre furent si violentes,
qu'il se détacha du crochet, où pendirent les
chairs fumantes et sanglantes de son dos, tomba,
en brisant le bâillon entre ses dents, et poussa un
cri que les oreilles de l'homme ne peuvent entendre sans frémir d'épouvante.

Ce fut au tour de la multitude ; elle se rua sur
ce corps déjà privé de vie, le poignarda, le
déchira, le mit en quartiers, et le jeta à travers
la foule... Une demi-heure après, il eût été

diﬃcile de trouver un lambeau du corps de l'assassin; les chiens du camp, aussi féroces que
leurs maîtres, se les étaient disputés et avaient
rongé jusqu'aux os.

Lorsque ces détails furent rapportés aux deux
amis, ils en frémirent, car ils avaient été exposés
à subir un pareil sort. Quoique désormais sous
la protection d'Ibrahim et purgés des calomnies
inventées contre eux par les marabouts, ils n'en
comprirent pas moins que, parmi ces peuplades
aussi féroces que mobiles, leur vie serait toujours
en danger. Ils résolurent donc de tenter auprès
d'Ibrahim une demande de retour dans leur
patrie; le docteur fit part de cette intention au
truchement, qui secoua la tête et leur dit qu'ils
ne réussiraient point, parce que Ibrahim croyait
avoir trop besoin d'eux dans la guerre qu'il sou-
tenait... du docteur pour les blessés, et de son
ami comme aide.

Cette réponse les désola, et ils se seraient livrés
à l'abattement si le docteur n'eût trouvé en son
âme une fermeté extraordinaire. Ami, dit-il à
Kellandren, nous nous sommes trouvés dans des
situations plus difficiles et plus dangereuses;
avec la protection du ciel nous en sommes sortis,
espérons encore en sa bonté et elle ne nous aban-
donnera pas.

Plusieurs jours se passèrent sans trop d'en-
nuis pour le docteur, car il était appelé de tous
côtés pour voir des malades; mais Kellandren,

qui ne pouvait que l'accompagner, et qui n'était point consolé par l'amour d'une science qu'il ne connaissait point, s'ennuyait à la mort, et songeait toujours à trouver les moyens de fuir ces peuplades avec lesquelles il ne pouvait communiquer par la parole, et dont les mœurs farouches faisaient un si révoltant contraste avec les siennes; il s'ennuyait et dépérissait.

Chaque soir il avait un nouveau plan de fuite à communiquer à son ami; mais celui-ci, après l'avoir mûrement examiné, le trouvait inexécutable, ou trop dangereux. Les ennemis couvrent toute la contrée du littoral; les nomades les contrées du sud; nous ne connaissons point la langue du pays : où nous réfugierons-nous la nuit, ne pouvant espérer d'être reçus dans les douars des deux partis?... Ibrahim lancera ses cavaliers à notre poursuite, et vous savez, mon ami, comment ces hommes traitent ceux dont ils croient avoir à se plaindre. Attendons.

Cependant, pour satisfaire l'impatience de son ami, le docteur résolut de faire une tentative auprès d'Ibrahim... Elle eut lieu, mais Ibrahim ne leur fit que cette réponse : Après la guerre nous verrons.

Plus abattu, plus désespéré que jamais, Kellandren tomba malade si sérieusement que le docteur désespéra de sa vie; alors cet homme dévoué à l'amitié, et énergique contre le malheur, songea aussi à fuir, et communiqua son plan à son ami... Cette idée ranima le malade, qui reprit en peu de temps ses forces.

Tant il est vrai que le moral influe énergiquement sur le physique; le plan du docteur était simple : des caravanes passaient souvent du pays des gommes pour se rendre sur le littoral. Tâcher de connaître le jour du passage d'une caravane et prendre les précautions pour que leur fuite parût être dirigée d'un autre côté.

Un jour, leur interprète vint les trouver et leur dit : Vous voulez fuir, et moi aussi je le désire; une caravane allant à Tafilet doit passer sous peu de jours; elle a envoyé ses présents et demandé la protection du chef de l'armée insurgée. Si nous pouvons nous échapper, je vous déclare que je veux aussi reprendre ma liberté; il était esclave d'Ibrahim.

Cette proposition convenait aux deux amis; mais l'homme qui la faisait était Espagnol d'origine et ne leur inspirait aucune confiance; ils délibérèrent longtemps, mais enfin l'impatience de Kellandren l'emporta, et le jour de la fuite fut arrêté...

Le docteur avait reçu beaucoup de présents pour les cures opérées par lui; il eut la précaution de convertir le tout en sequins; il se trouvait ainsi possesseur d'une somme considérable.

Tout fut donc préparé pour la fuite.

L'interprète se chargea d'acheter deux chameaux pour porter les bagages et les provisions,

ainsi que sa personne ; les deux chrétiens avaient
des chevaux et des armes ; il devait encore trouver une occasion pour faire sortir les chameaux
du camp et attendre les deux chrétiens : tout
étant ainsi arrêté, ils épièrent le moment favorable, sortirent la nuit même du camp, et
allèrent se cacher avec leurs chevaux derrière le
petit étang dont il a déjà été fait mention ; le
jour vint, mais l'Espagnol ne paraissait point ;
ils le passèrent dans des transes continuelles. Par
bonheur pour eux, Ibrahim était sorti la même
nuit qu'eux avec une troupe de cavaliers pour
aller reconnaître l'ennemi, qui s'était approché
d'une journée de son camp ; on crut que les deux
étrangers l'avaient accompagné ; ainsi leur ab-
sence ne fut point remarquée.

Aubert se rappela que cet Espagnol était le
fils d'un renégat. Ce souvenir augmenta ses
anxiétés, mais il ne voulut pas les communiquer
à son ami dont le moral était déjà trop abattu ;
ils attendirent la nuit, décidés à prendre un parti
si l'interprète ne venait point les rejoindre au
lieu indiqué.

Torturés par ces appréhensions, ils prêtaient
l'oreille au moindre bruit. Écoutez, dit Kellau-
dren, j'entends distinctement le trot des chameaux ; le docteur sortit de sa rêverie, posa
l'oreille contre terre et dit : Votre oreille ne
vous a point trompé, ami, c'est notre interprète,
car ce n'est pas l'heure où les chameliers vien-

nent à l'étang. Le bruit devint plus distinct, et à
travers les douces ténèbres qui voilaient la terre,
ils découvrirent deux chameaux, mais il leur
sembla qu'ils étaient montés par deux hommes,
et ils n'attendaient que leur interprète : leur
espoir allait il encore être déçu !

— Glissons-nous sur leur passage, dit le docteur, et nous allons les reconnaître... Ils n'allèrent pas bien loin et entendirent le signal con-
venu; c'était l'interprète. Il n'avait pu sortir du
campement, et avait profité du tumulte occasionné
par le retour d'Ibrahim pour effectuer sa sortie;
il ajouta qu'il s'était adjoint un compagnon,
parce que quatre hommes valaient mieux que
trois pour traverser le désert.

Rassurés par ce récit, les deux chrétiens mon-
tèrent à cheval et suivirent les chameaux dont
on hâta le trot... Quand le jour parut ils se trouvaient à plus de huit lieues du campement
d'Ibrahim, et à peu près certains de n'être pas
atteints si on se mettait à leur poursuite.

Après avoir fait une courte halte pour se reposer, ils suivirent une vallée assez profonde,
dont les herbes et les arbrisseaux avaient été
broutés et foulés aux pieds... La caravane n'est
pas loin, dit l'interprète; nous pourrons désormais la suivre à la trace, et la rejoindre avant la
fin du jour : mais marchons avec précaution, car
les peuplades des versants de l'Atlas descendent
souvent de leurs montagnes pour rôder autour

des caravanes, et les attaquer s'ils se trouvent en forces

Heureusement qu'ils ne firent aucune mauvaise rencontre, et qu'ils découvrirent dans le lointain une longue file de chameaux, sur les flancs desquels galopaient des cavaliers armés de lances et de fusils. — Pressons le pas, dit l'interprète, nous les atteindrons avant une heure; notre petite troupe ne peut leur inspirer d'inquiétude...

Dès qu'ils furent aperçus par les derniers cavaliers qui escortaient la caravane, ceux-ci s'arrêtèrent, puis reconnaissant leur petit nombre, six se détachèrent et vinrent au galop pour les reconnaître; l'interprète hâte le trot de son chameau, après avoir recommandé aux deux chrétiens de se tenir en arrière et de ne pas parler entre eux.

L'entretien qu'il eut avec les cavaliers eut un bon résultat; il leur cria d'avancer sans crainte, de se mettre à la suite de la caravane et de ne pas en troubler l'ordre de marche; ils eurent bientôt atteint les derniers chameaux, et se mirent tranquillement à leur suite, sans exciter la moindre attention de ceux qui les précédaient.

Durant trois jours ils voyagèrent assez paisiblement, n'étant qu'inquiétés par quelques troupes de maraudeurs qui n'osaient les attaquer, dès qu'ils avaient reconnu leur nombre. La nuit du troisième au quatrième jour fut troublée par les rugissements des lions, qui enlevèrent un cheval ; enfin le quatrième jour, vers le soir, ils traversèrent des contrées ondulées et fort riches, et découvrirent, dans le lointain, les montagnes baignées à leur base par la Méditerranée, et, entre deux hautes montagnes, une petite ville entourée de jolis jardins. C'est Tétouan, ville très ancienne et une des plus jolies des états barbaresques dans l'empire du Maroc : sa distance à la Méditerranée n'est que de trois lieues ; la caravane devait faire halte pour s'approvisionner d'eau dans la petite rivière qui coule aux pieds de ses hautes murailles.

Comme elle devait pousser plus loin, les deux Français et leurs compagnons jugèrent prudent d'abandonner la caravane, de séjourner dans cette ville afin de se renseigner et d'aviser aux moyens de retourner en Europe ; l'Espagnol et son camarade désiraient se rendre à Ceuta, place forte appartenant à l'Espagne : elle est située à l'extrémité orientale du détroit de Gibraltar, et sert de lieu de déportation pour les criminels de cette nation...

Ils allèrent trouver le consul de France ; c'était un bon père de famille qui soupirait après le moment d'être rappelé en France auprès des siens, et qui attendait depuis longtemps un autre emploi en France. Il reçut fort bien ses deux malheureux compatriotes, dont l'histoire le toucha jusqu'aux larmes ; il leur fit offre de sa

bourse, et leur conseilla de vivre fort retirés jusqu'à ce qu'ils eussent trouvé une occasion favorable pour retourner en France; en attendant,
leur dit-il, ma maison et ma table sont à votre
service, et c'est pour vous l'asile le plus sûr.

Le docteur le remercia avec effusion de ses
offres généreuses, et lui répondit qu'ils n'étaient,
ni lui ni son ami, au dépourvu; que la vente de
leur chameau, de leurs deux chevaux et les
sequins qu'il avait gagnés honorablement dans le
campement des nomades, leur suffiraient pour
payer leur traversée; Aubert avait voulu, en récompense de ses services, donner à l'interprète
espagnol un chameau et une partie de son
bagage; mais celui-ci s'était payé d'avance en
leur volant ce qu'il y avait de mieux dans leurs
bagages... Heureusement que leurs sequins
étaient renfermés dans leurs ceintures, et que
l'Espagnol ignorait qu'ils les possédaient. Ce vol
ne les affecta que médiocrement; cependant, le
docteur regretta vivement une petite collection de
plantes qui avait aussi disparu.

Deux jours après leur arrivée, le consul entra
tout joyeux dans leur appartement, les embrassa
avec des transports qu'ils ne surent d'abord à
quoi attribuer; mais ils les comprirent bientôt,
quand ils apprirent que ses demandes avaient
été exaucées, que son remplaçant venait d'arriver
sur un vaisseau de l'État, et qu'il retournerait
avec eux en France.

Ils furent si pénétrés de cette bonne nouvelle, eux que depuis si longtemps le malheur poursuivait, qu'ils tombèrent à genoux et remercièrent Dieu de les avoir enfin délivrés de tant de maux.

La frégate *la Véloce*, qui croisait dans ces parages, les reçut à son bord, ayant fini sa croisière, les ramena heureusement en France, et les débarqua à Marseille. Trois semaines après, ils arrivaient à Rennes où ils auraient dû se séparer s'ils avaient voulu retourner chacun au lieu de sa naissance. Mais le malheur commun avait cimenté leur amitié, et ils résolurent d'aller se reposer dans la propriété de Kellandren, et ensuite d'aviser aux moyens de se faire une vie aussi douce, aussi paisible qu'elle avait été jusqu'alors pénible et agitée...

François Kellandren avait passé pour mort, et ses biens allaient être mis sous le séquestre, parce qu'il ne s'était point présenté d'héritiers, et en attendant le temps voulu pour qu'ils entrassent dans le patrimoine de l'Etat, son retour mit fin à toute incertitude...

Le malheur ramène l'homme à la religion. Aubert avait toujours été religieux; Kellandren avait pu oublier les bons principes reçus dans la maison maternelle, car on sait que le vieux marin Kellandren s'était montré trop peu soigneux des principes de son fils, mais ces principes s'étaient ranimés au contact d'un homme comme le docteur; il se trouvait donc alors de retour dans la bonne voie... Il le prouva en faisant élever une petite chapelle qu'il dédia à la Vierge sous le nom de Notre-Dame de Délivrance.

— Ami, lui dit un jour Aubert, je ne sais quelle tentation me poursuit depuis longtemps, mais je puis y céder, ajouta-t-il en souriant, car elle est bonne... Je crois devoir à Dieu le reste d'une vie qu'il a si miraculeusement conservée; je veux me retirer dans un couvent, et consacrer le reste de mes jours à remercier le ciel de ce qu'il a fait pour nous...

Une seule chose me désole, c'est de me séparer de vous, mon cher Kellandren.

Celui-ci lui tendit les bras et s'écria : Ami, c'est le ciel qui vous inspire, car depuis plusieurs jours je suis poursuivi par la même pensée, et je n'osais vous en faire part : ainsi nous ne nous séparerons qu'à la mort dans cette vie.

Avant de mettre leur projet à exécution, Kellandren vendit tous ses biens, envoya une forte somme d'argent au Père de la Merci qui résidait à Tanger; la plus faible partie devait rembourser le Juif Isaac des avances qu'il leur avait faites, et le reste pour le rachat des esclaves chrétiens. Il dit ensuite à son ami : Vos parents ne sont pas fortunés, votre science pouvait leur venir en aide, acceptez, je vous en supplie, pour eux, la propriété que j'ai réservée dans cette intention; le reste sera donné au couvent le plus pauvre que nous découvrirons, car je veux entrer dans un couvent pauvre, et contribuer à sa prospérité...

Le docteur, après mûres réflexions, accepta pour ses parents le don de son ami, et tous les deux se préparèrent à la vie sainte qu'ils allaient embrasser. Un prêtre vénérable de Rennes était admis dans l'intimité des deux amis, il les aida de ses lumières, de ses conseils, puis il les adressa au supérieur d'un couvent qu'il connaissait pour un saint homme, et ils mirent leur projet à exécution avec une joie qui charma le bon supérieur.

Ils vécurent jusqu'à un âge fort avancé; ce fut Aubert, connu sous le nom du père Anselme, qui ferma les yeux à l'ami de sa captivité et de sa vie religieuse; il vécut encore plusieurs années après lui, et s'endormit dans la paix du Seigneur, comme s'endorment les justes.

FIN.

# TABLE.

—

FIN DE LA TABLE.

Limoges. — Imp. Eugène ARDANT et Cie.

ORIGINAL EN COULEUR
NF Z 43-120-8

E. ARDANT

ET $C^{ie}$

||

33

||

www.ingramcontent.com/pod-product-compliance
Lightning Source LLC
Chambersburg PA
CBHW051734090426
42738CB00010B/2249